東日本 御城印 徹底ガイド

改訂版

見どころ・楽しみ方がわかる

小和田哲男 監修

メイツ出版

改訂版 東日本

「御城印」徹底ガイド

見どころ・楽しみ方がわかる　目次

61城、約100種の印を掲載

東北

関東

中部

※本書は2020年発行の『東日本「御城印」徹底ガイド 見どころ・楽しみ方がわかる』を元に、必要な情報の確認と更新、装丁の変更を行い、「改訂版」として新たに発行したものです。

はじめに

お城めぐりの
記念・思い出のために集めよう

近年、新しいお城めぐりの楽しみ方の一つとして、全国のお城で発行・販売されている御城印。主に登城した記念として、「登城記念符」「城郭符」とも呼ばれている。そもそもは、約30年前に松本城で販売されたことにはじまるといわれているが、お城ブームや寺社仏閣の御朱印ブームもあり、御城印を発行・販売するお城が全国に広がっており、現在は200城近くのお城で制作されている。

本書では全国の御城印の解説と、各お城の歴史や見どころ、観光ガイドなどを徹底的に紹介。一般に販売されている御城印に加え、イベント記念の限定版やバージョン違い、またお城で販売しているオリジナルの御城印帳なども掲載。本書は御城印ガイドの決定版として、東日本編61城・約100種の御城印を収録している。お城へ行くときにぜひ一冊持ち歩いて、お城めぐりを楽しもう。

御城印の楽しみ方

一、御城印の見方

お城にゆかりのある家紋が押印されている

ほとんどの御城印が、お城にゆかりのある武将や城主の家紋や花押、発行元の角印などが押されている。複数の家紋が配されたり、武将やお城のシルエットがデザインされているものもあり、個性豊かだ。

記念に残りやすい登城日の日付

日付は購入時に書き入れてくれるところもあれば、自分で日付印を押すところもある。いつ訪れたかがわかるので、後で思い出を振り返ることができ、登城記念にぴったり。

城名や関連のある言葉が記されている

城や城跡の名前が中央に書かれる。地元出身の書家が揮毫を書いたり、城主の書状からの写しなど、お城によって「日本100名城」「国宝」など、そのお城の特徴や区分なども記載されているものが多い。

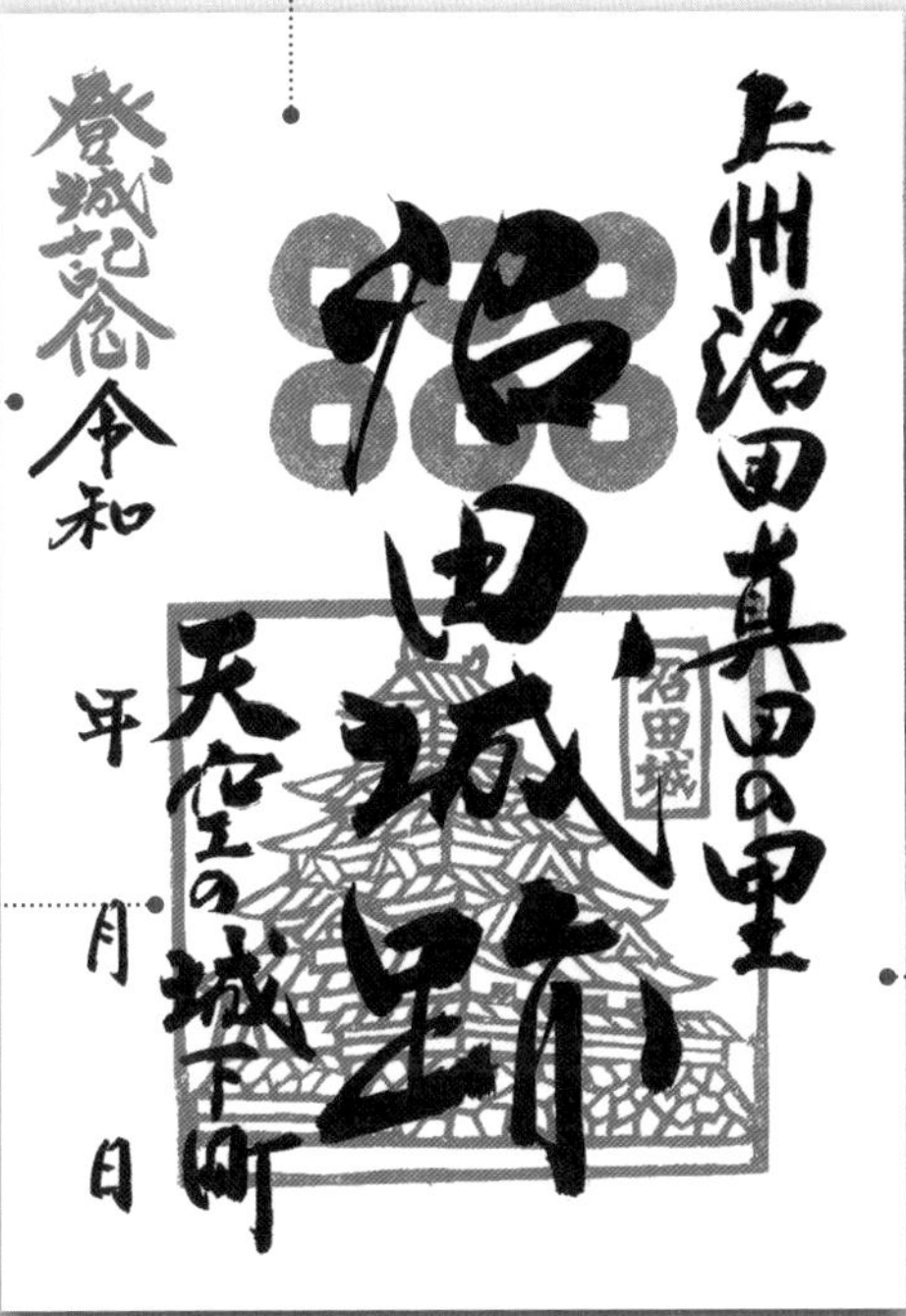

半紙も個性的

地元産の和紙や特殊な素材を使った御城印もある。また、シール状になっており、好きなところに貼れるタイプもある。

御城印集めQ&A

Q1 どこで購入できるの？

お城の入場券販売所や売店、観光案内所などで販売されていることが多い。イベント時に無料で配布されることもある。ただし、お城によっては今後頒布を取りやめる可能性もあるので、お城を訪れる前に事前に確認しておこう。

Q2 どんな種類があるの？

一口に御城印といっても、お城によって呼び方もデザインも異なる。1種類ではなく、バージョン違いやイベントや季節ごとの限定版もあるので、何度もお城へ行く楽しみが増える。

Q3 御朱印と御城印の違いは？

御朱印はお寺や神社に参拝した際に納経の証としていただくもので、基本は御朱印帳に手書きしてもらう。御城印はあくまでお城に訪れた記念に購入するもので、書き置きが多い。

Q4 いくらで買えるの？

多くの御城印が税込み300円で販売されている。限定版やセット販売などもあるが、お城めぐりの思い出として手頃な価格で購入できる。

御城印の楽しみ方

二、御城印帳に集めよう

城オリジナルの御城印帳がたくさん!

御朱印を集めるときに使う「御朱印帳」のように、御城印を集めて保管するのにオススメなのが、御城印帳だ。お城のオリジナル御城印帳もたくさん発売されているので、お気に入りの一冊を見つけよう。

収納ポケット付きタイプ

御城印は印刷された書き置きが多いので、収納ポケット付きの御城印帳も便利。入城券や拝観チケットの半券や写真なども一緒に保管できる。

台紙タイプ

御朱印と同じように、ポケットはなく、直接のりなどで貼り付けるタイプ。日本100名城のスタンプ帳やメモなどにも使える。

本書の見方

本書では東日本で御城印を発行・発売しているお城を紹介している。御城印の解説と、お城の歴史や見どころも合わせて解説。観光をするときに役立つ情報も掲載しているので、ぜひ携帯してお城めぐりをしてみよう。

御城印解説
家紋などの印をはじめ、各御城印の特徴や見どころを解説している。

所在地・区分など
お城の所在地、「日本100名城／続日本100名城」「国宝／重要文化財」などの区分を掲載している。

城名
現在使われている一般的な呼び方を掲載。

御城印の主な頒布場所には㊞マークを付けている。バス停は青字にしている。

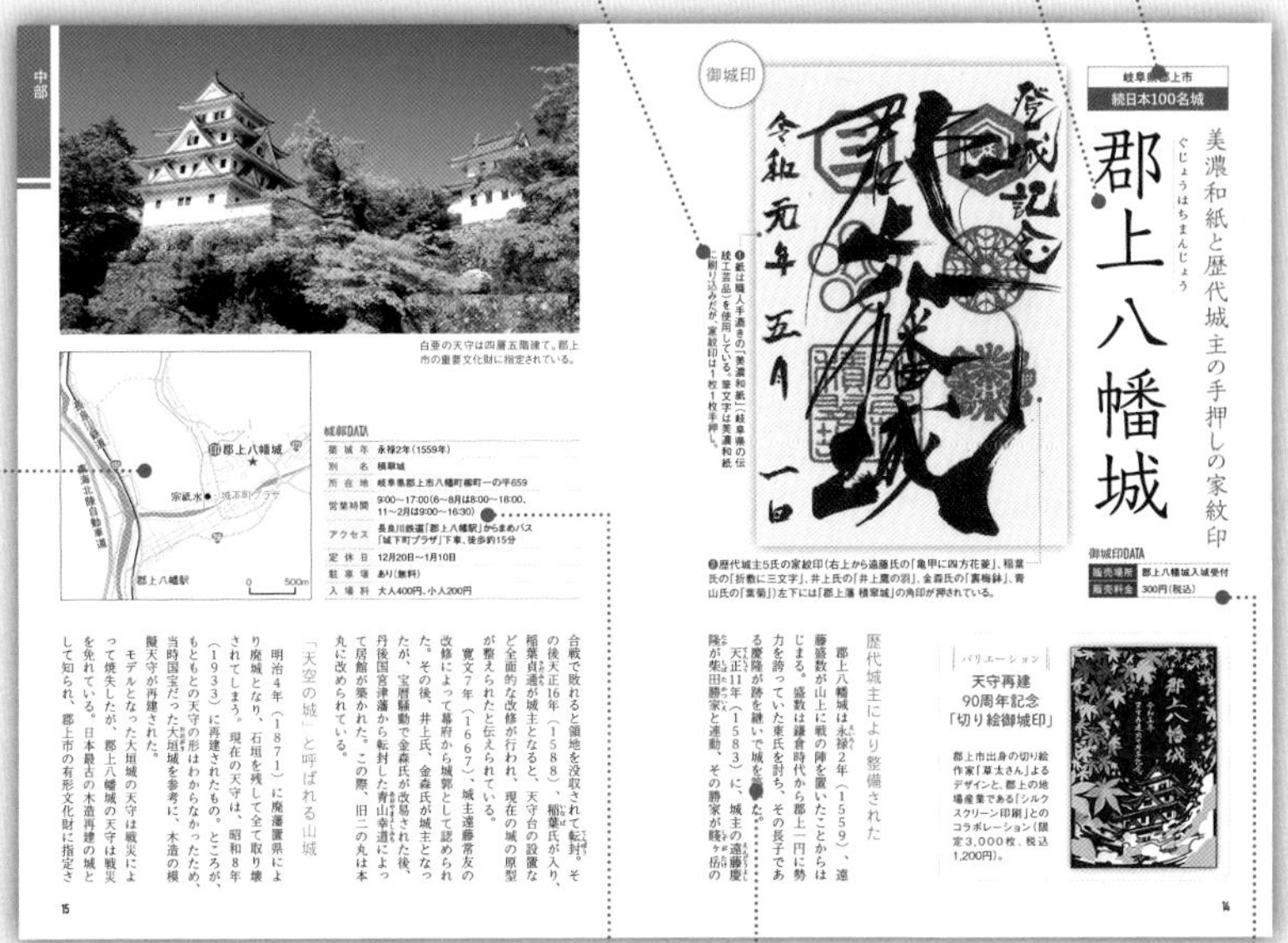

MAP・城郭DATA
お城へのアクセス、入場料金、開館時間、休館日などお城めぐりに欠かせない情報を紹介している。※変更されている可能性もあります。築城年など一部伝承や推定によります。

本文
お城の歴史や見どころ、周辺の観光情報などを解説している。

御城印DATA
頒布場所・販売価格を掲載している。※頒布場所がお城以外の場合、各営業時間等はご確認ください。

写真提供・協力

会津若松観光ビューロー／青森市中世の館朝倉氏遺跡保存協会／鰺ヶ沢町教育委員会／犬山市観光協会／岩崎城歴史記念館／岩村町観光協会／いなぶ観光協会／江戸城天守を再建する会事務局／恵那市明智振興事務所／遠鉄アシスト／大野市観光振興室／大垣市教育委員会文化振興課／岡崎市／岡山県観光連盟／小田原市観光協会／掛川城／可児市観光交流課／上山城郷土資料館／唐澤山神社／ぎふ金華山ロープウェー／岐阜市／行田市商工観光課／清須市観光協会／久慈市教育委員会事務局文化課／郡上八幡産業振興公社／小牧山歴史館／三州足助公社／三戸町役場教育委員会事務局／静鉄プロパティマネジメント／島田市博物館課／縄文堂商会／信州上田観光協会／信州松代観光協会／高岡古城公園管理事務所／環屋／徵古館／一般社団法人 千代田区観光協会／妻木城址の会／遠野市立博物館／砺波市教育委員会／鳥羽市観光課／豊橋市観光振興課／中津川市苗木遠山史料館／名古屋城総合事務所／南部町教育委員会社会教育課／二戸市埋蔵文化財センター／沼田市観光協会／鑁阿寺／東吾妻町観光協会／弘前市みどりの協会／報徳二宮神社／松本城管理事務所／丸岡城管理事務所／みなかみ町役場観光商工課／妙高市教育委員会／若狭国吉城歴史資料館

※本書は2023年11月現在の情報を掲載しています。

[東日本]掲載御城印
エリアMAP

※本書では八地方区分のうち、東北地方（青森県、岩手県、秋田県、山形県、福島県）、関東地方（東京都、栃木県、群馬県、埼玉県、神奈川県）、中部地方（新潟県、富山県、福井県、長野県、岐阜県、静岡県、愛知県）の城郭を掲載しています。

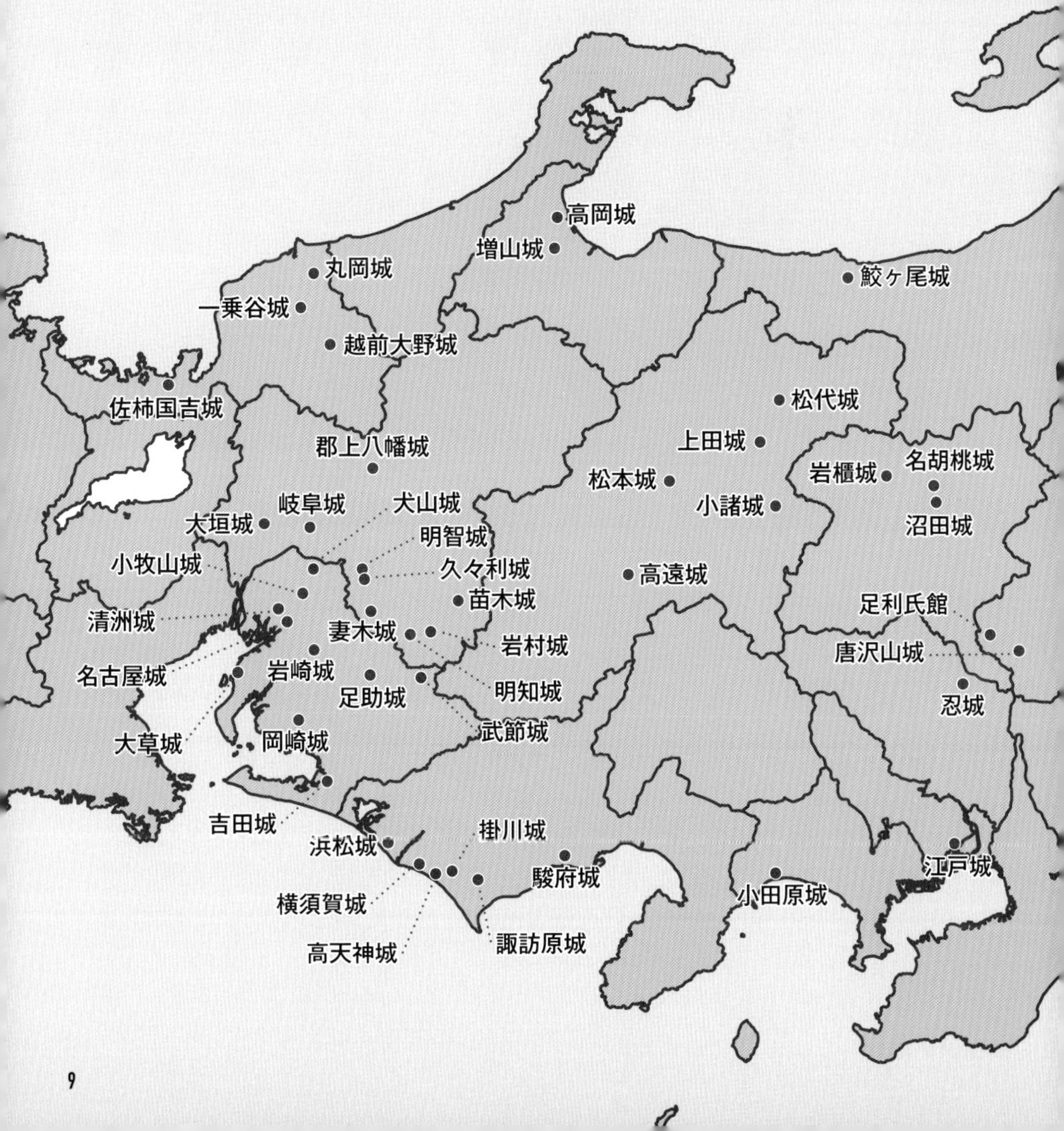
高岡城
増山城
丸岡城
鮫ヶ尾城
一乗谷城
越前大野城
佐柿国吉城
松代城
郡上八幡城
上田城
名胡桃城
岩櫃城
松本城
犬山城
岐阜城
小諸城
大垣城
沼田城
明智城
小牧山城
久々利城
高遠城
苗木城
足利氏館
清洲城
妻木城
岩村城
唐沢山城
名古屋城
岩崎城
足助城
明知城
忍城
大草城
岡崎城
武節城
吉田城
掛川城
浜松城
駿府城
江戸城
横須賀城
小田原城
高天神城
諏訪原城

長野県上田市

日本100名城／国指定史跡

上田城《うえだじょう》

真田氏らの家紋と東虎口櫓門などが描かれる

御城印

❶上段には初代城主真田家の家紋「六文銭」。中段左に松平氏の家紋「五三桐」、右側に仙石氏の家紋「永楽銭」があしらわれている。

❷下段には上田城のシンボルの東虎口櫓門や櫓など、上田城に関係するイラストが描かれている。

❸春バージョンの御城印。

御城印DATA

販売場所	眞田神社、上田市観光会館
販売料金	300円（税込）

徳川軍を苦しめた難攻不落の城

天正《てんしょう》11年（1583）、真田《さなだ》昌幸《まさゆき》により築城され、その本拠地となった。全国にその名を知らしめたのは、徳川《とくがわ》の大軍を撃退した第一・二次上田合戦《うえだかっせん》のときである。数ある城郭《じょうかく》の中でも、2度もの実戦経験と、輝かしい戦果のある城は他にない。

天正13年（1585）の第一次上田合戦では、約7000余の大軍で攻め込んできた徳川軍に対し、守る真田軍はわずか2000程度の不利な兵力ながら、地の利を生かした知略をもって撃退した。

そして慶長《けいちょう》5年（1600）、第二次上田合戦。関ヶ原に向かう徳川秀忠《ひでただ》軍3万8000人の軍勢が攻め込むが、昌幸と子・信繁《のぶしげ》（幸村《ゆきむら》）はわずか2500の兵ながら得意とする種々の術策を用いた巧みな戦法で防ぎ切った。結局、秀忠軍は上田城を攻略できず、関ヶ原の合戦に遅れるという失態をおかした。しかし、昌幸と信繁はこの合戦で敗北した西軍についていたため、紀州九度山《くどやま》に配流され、城も徹底的に破却された。その後上田領は、東軍についていた昌幸の嫡男信之《のぶゆき》に引き渡される

平成6年（1994）に復元された東虎口櫓門（写真左）。向かって右には北櫓（写真右）、左には南櫓がある。西櫓を含めた3つの櫓は、長野県指定文化財の県宝に指定されている。

城郭DATA

築城年	天正11年（1583）
別名	尼ヶ淵城
所在地	長野県上田市二の丸
営業時間	ー
アクセス	JR上田駅から徒歩12分
定休日	ー
駐車場	あり（有料）
入場料	無料

も、元和《げんな》8年（1622）に松代に転封《てんぽう》。以後、仙石《せんごく》氏が3代、松平《まつだいら》氏が7代にわたって藩主を務めた。

仙石氏が再構築した要害

関ヶ原の合戦後破却された上田城は、仙《せん》石忠政《ごくただまさ》が藩主の時代に再建がはじまり、その後たびたびの修復工事を受けながらも大きな変化はないまま明治維新へといたっている。

その後、民間に払い下げとなり廃城となるも、昭和17年（1942）、城外に移築されていた2基の櫓が買い戻され、後に現在の南櫓《みなみやぐら》・北櫓《きたやぐら》として修復される。復元された東虎口《ひがしこぐち》櫓門は、上田市が舞台となった映画『サマーウォーズ』の陣内家お屋敷の門のモデルにもなっている。

本丸の南側は尼ヶ淵《あまがふち》の断崖があり、当時は千曲川《ちくまがわ》支流が天然の堀となっていた。西・北・東側は水堀となっていて、上田城の重要な防備の要であった。

現在は公園として整備され、園内の至る所に石垣や土塁《どるい》が残っている。ほかにも、鬼門《きもん》にあたる本丸の北東（丑寅《うしとら》）の方角の土塁の隅を切りこみ鬼門除けとした「隅お

真田石は東虎口櫓門右手の石垣に積まれている城内一の大石で、高さ約2.5m・幅約3m。真田信之が松代へ移封する際、父・昌幸の形見として持って行こうとしても微動だにしなかったという伝説がある。

バリエーション

秋バージョン

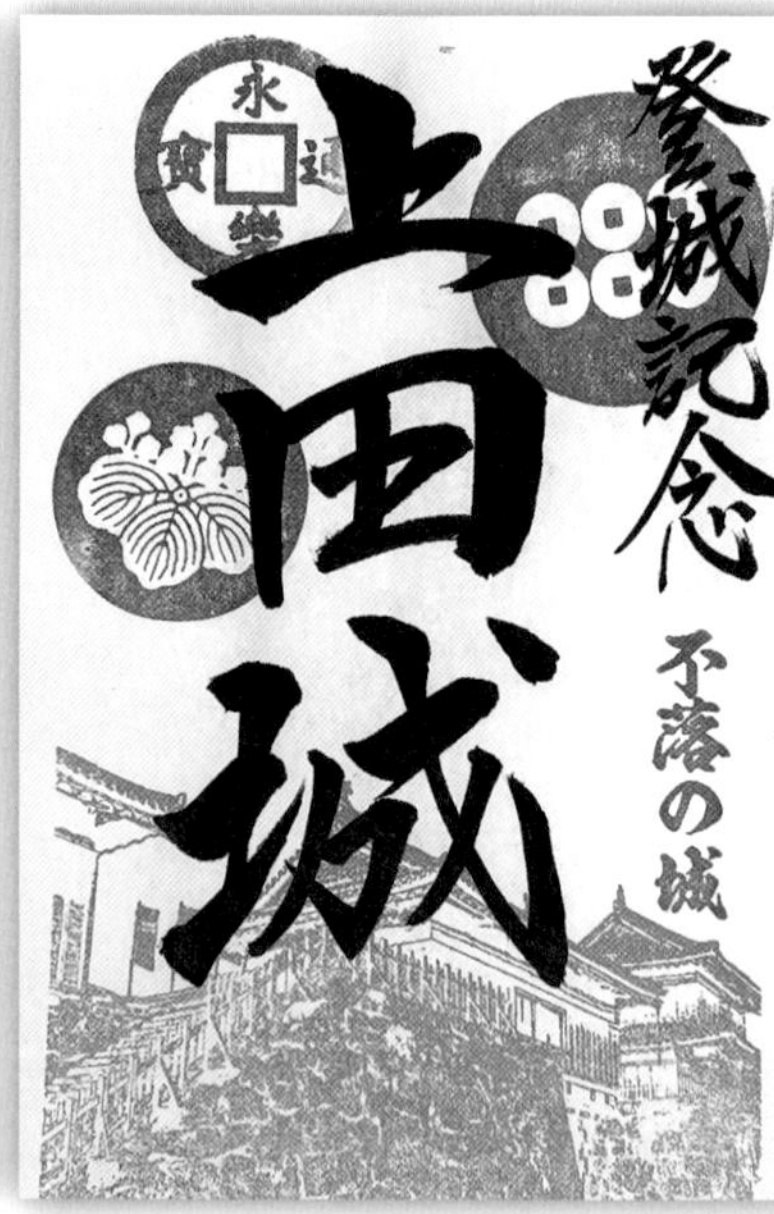

夏バージョン

季節によって様々な種類が発行されている

上田城の御城印は、スタンプの色や位置がシーズンによって変わる。御城印は上田城本丸跡の眞田神社にて作成。オリジナルの印と、1枚ずつ丁寧に書かれた直筆の御城印である。

眞田神社の境内にある直径2m・深さ16.5mの真田井戸。上田藩主居館（現上田高校）や城北の太郎山麓の砦に通じる抜け穴だったという伝説が残る。

とし」や、二の丸北虎口の百間堀跡（陸上競技場側）に現存する切石を組み合わせた水抜きの「石樋《いしどい》」など、見どころは多い。

城周辺の多様な観光スポット

上田城本丸跡に鎮座する眞田神社《さなだじんじゃ》には、真田父子と歴代の上田藩主（仙石氏・松平氏）が祀られている。

また、二の丸跡に建つ上田市立博物館には歴代上田藩主の甲冑などの上田藩関係資料、織田信長所用韋胴服（重要文化財）、染屋焼コレクション（重要有形民俗文化財）など歴史・民俗・自然資料が収蔵・展示されている。

築城と共に整備された城下町「柳町《やなぎまち》」は、江戸期には中山道と日本海を結ぶ北国街道の宿場町として、明治期には養蚕《ようさん》が盛んとなり、25軒もの呉服問屋が並んでいたという歴史街道。現在は、３５０年以上の歴史を持つ酒蔵や、味噌蔵をはじめ、名物グルメも揃っており、古き街並みと合わせて楽しめる場所となった。

眞田神社は設立当初、旧上田藩主の松平氏を祀った「松平神社」だった。その後、上田城の2つの櫓が復元され、昭和28年に「上田神社」と改称し真田氏と仙石氏を合祀。「眞田神社」になったのは 昭和38年。今では戦国時代を生き抜いた真田父子の知恵や勝運にあやかろうと観光客が訪れる人気のスポットとなっている。

御城印

❶紙は職人手漉きの「美濃和紙」（岐阜県の伝統工芸品）を使用している。筆文字は美濃和紙に刷り込みだが、家紋印は1枚1枚手押し。

❷歴代城主5氏の家紋印（右上から遠藤氏の「亀甲に四方花菱」、稲葉氏の「折敷に三文字」、井上氏の「井上鷹の羽」、金森氏の「裏梅鉢」、青山氏の「葉菊」）左下には「郡上藩 積翠城」の角印が押されている。

岐阜県郡上市

続日本100名城

郡上八幡城《ぐじょうはちまんじょう》

美濃和紙と歴代城主の手押しの家紋印

御城印DATA

販売場所	郡上八幡城入城受付
販売料金	300円（税込）

歴代城主により整備された

郡上八幡城は永禄《えいろく》2年（1559）、遠藤盛数が山上に戦の陣を置いたことからはじまる。盛数は鎌倉時代から郡上一円に勢力を誇っていた東氏を討ち、その長子である慶隆が跡を継いで城を築いた。

天正《てんしょう》11年（1583）に、城主の遠藤慶隆《えんどうよしたか》が柴田勝家《しばたかついえ》と連動、その勝家が賤ヶ岳《しずがたけ》の

バリエーション

天守再建90周年記念「切り絵御城印」

郡上市出身の切り絵作家「草太さん」よるデザインと、郡上の地場産業である「シルクスクリーン印刷」とのコラボレーション（限定3,000枚、税込1,200円）。

白亜の天守は四層五階建て。郡上市の重要文化財に指定されている。

城郭DATA

築城年	永禄2年（1559年）
別名	積翠城
所在地	岐阜県郡上市八幡町柳町一の平659
営業時間	9:00～17:00（6～8月は8:00～18:00、11～2月は9:00～16:30）
アクセス	長良川鉄道「郡上八幡駅」からまめバス「城下町プラザ」下車、徒歩約15分
定休日	12月20日～1月10日
駐車場	あり（無料）
入場料	大人400円、小人200円

合戦で敗れると領地を没収されて転封《てんぽう》。その後天正16年（1588）、稲葉《いなば》氏が入り、稲葉貞通《さだみち》が城主となると、天守台の設置など全面的な改修が行われ、現在の城の原型が整えられたと伝えられている。

寛文7年（1667）、城主遠藤常友の改修によって幕府から城郭として認められた。その後、井上氏、金森氏が城主となったが、宝暦騒動で金森氏が改易された後、丹後国宮津藩から転封した青山幸道《あおやまよしみち》によって居館が築かれた。この際、旧二の丸は本丸に改められている。

「天空の城」と呼ばれる山城

明治4年（1871）に廃藩置県により廃城となり、石垣を残して全て取り壊されてしまう。現在の天守は、昭和8年（1933）に再建されたもの。ところが、もともとの天守の形はわからなかったため、当時国宝だった大垣《おおがき》城を参考に、木造の模擬天守が再建された。

モデルとなった大垣城の天守は戦災によって焼失したが、郡上八幡城の天守は戦災を免れている。日本最古の木造再建の城として知られ、郡上市の有形文化財に指定されている。

郡上八幡城は市街地の中心部にある標高350mほどの八幡山の頂にあり、いくつかの条件がそろったとき、立ち込める霧の中に浮かんだように見える天守は「天空の城」とも呼ばれる。

天守内には歴代城主に関連する武具や古文書などの歴史資料を展示。最上階からは

石垣を含む郡上八幡城一帯の城跡は岐阜県の史跡に指定されている。

グッズ・お土産

……お城めぐり専用「城御朱印帳」……

表紙に友禅和紙を使用し保管に便利なクリアポケット式。城御朱印だけでなく、入城チケットや写真・絵葉書なども一緒に保管することができるほか、裏面は「紙面」となっているため、記念スタンプや100名城スタンプを押したり、お城めぐりのメモを記しておくことも。

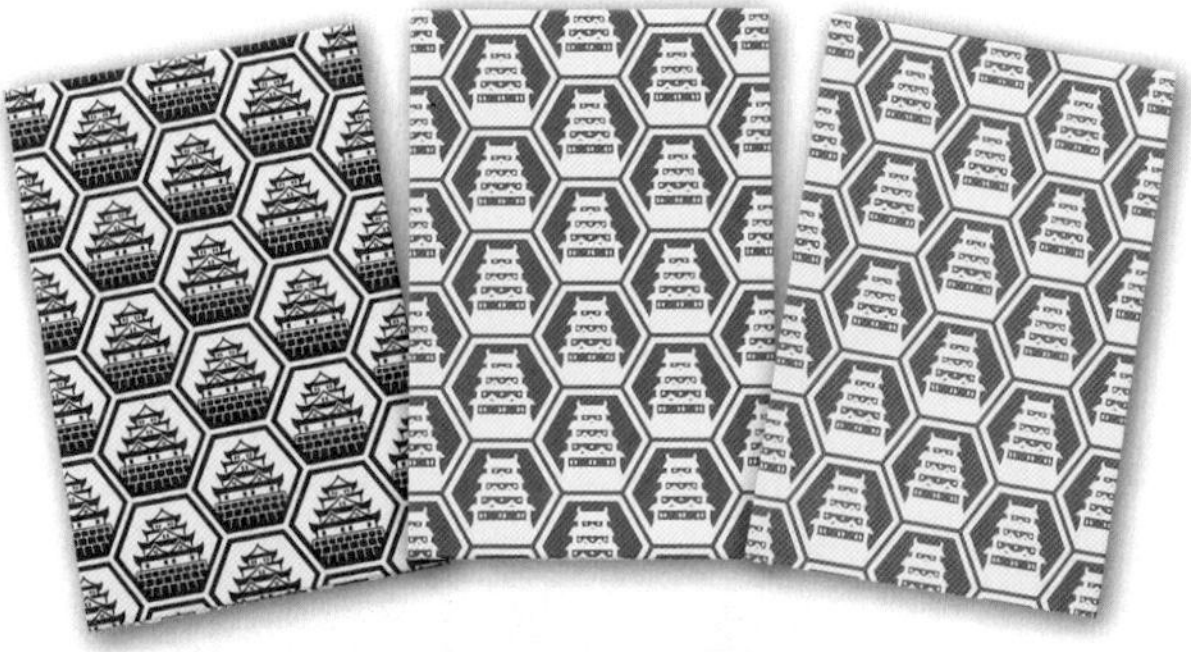

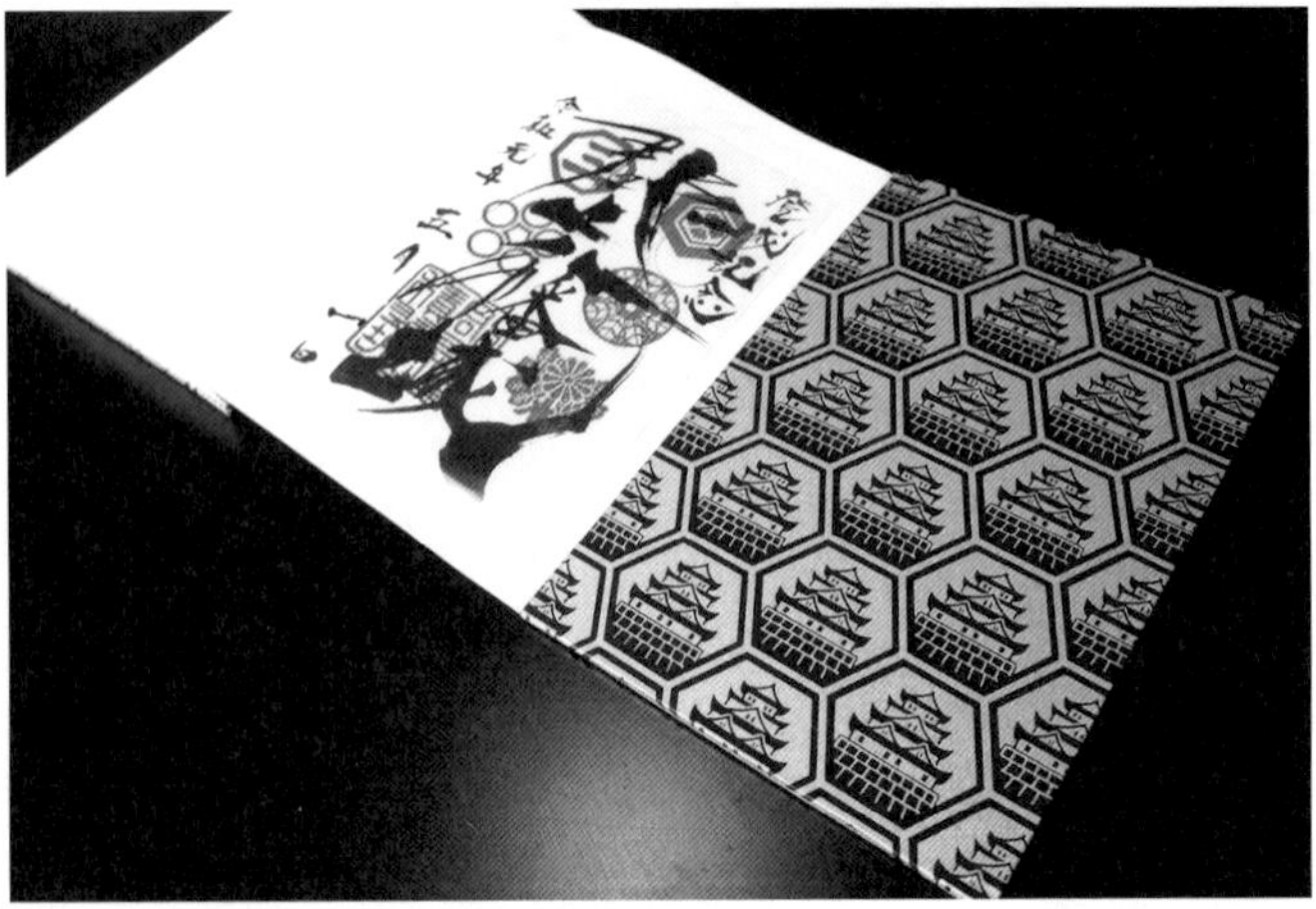

表紙は一目でお城とわかるかわいらしいデザインで、色は黒、紺、赤の他、「特装　金表紙版」がある。

市街地の中心部にある城山の頂にある天守は、「天空の城」とも呼ばれる。いくつかの条件がそろったとき、立ち込める霧の中に浮かんだように見える。

郡上八幡の町並みや奥美濃の山々を一望できる。

昔の面影を残すレトロな城下町

城下の郡上八幡の街も見どころは多い。郡上藩は4万8000石の城下町として栄え、長良川の上流に位置し、奥美濃の山々から流れ出た吉田川、小駄良川などの清流が合流する水の町でもある。

市街地には、城主の遠藤常友《つねとも》が防火の目的のために築造した用水路など、水利用のシステムが古くから整備されており、室町時代の連歌の宗匠・飯尾宗祇の草庵があったことから名付けられた湧水「宗祇水」は、環境省が選定した「日本名水百選」に指定されている。

また、下級武士の町だった柳町をはじめ、庶民の町だった本町、鍛冶屋町、職人町など古い町並みが残り、伝統的建造物群保存地区に指定されている。

城山公園には、内助の功で知られる山内《やまうち》一豊《かつとよ》と妻・千代《ちよ》の銅像が建っている。千代は近江国坂田郡、若宮喜助の娘など諸説あるが、初代郡上八幡城主遠藤盛数の娘とも伝えられている。

郡上八幡城では御城印を「城御朱印」「来城記念証」と呼び、2016年の発行から御城印の収益はお城の運営や整備のための基金作りとして活用されている。また収益の一部は熊本《くまもと》城の復興支援として寄付されている。

宗祇水は別名白雲水とも呼ばれ、「日本名水百選」に選ばれている。

御城印

群馬県吾妻郡東吾妻町

続日本100名城／町指定史跡

岩櫃城《いわびつじょう》

ゆかりの武将の家紋と岩櫃山の朱印が並ぶ

❷朱印は左上から結び雁金、六文銭、岩櫃山をモチーフにしたもの、武田菱、斎藤氏の六つ葉柏が押されている。

❸群馬県にある沼田城、名胡桃城と合わせて上州真田三名城と呼ばれている。

❶城名は書道家・高橋大榛の直筆の写し。

御城印DATA

販売場所	(一社)東吾妻町観光協会(通年)、平沢登山口観光案内所(4月～11月のみ)
販売料金	3点セットで500円(税込)

天然の要害を利用した堅城

鎌倉時代、この地を治めた吾妻太郎助亮によって築城されたという言い伝えがあるが、定かではない。大永《たいえい》年間（1521〜28）には斎藤《さいとう》氏が城主となり、吾妻郡一帯を支配した。

永禄《えいろく》4年（1561）、真田《さなだ》幸綱《ゆきつな》（幸《ゆき》隆《たか》）は武田信玄《たけだしんげん》にこの堅城の攻略を命じられ、苦戦するも、得意の調略《ちょうりゃく》戦と奇襲で2年後には陥落させた。以降は武田氏、真田氏の拠点となった。

織田・徳川連合軍の甲州攻めでは、窮地に陥った武田勝頼《たけだかつより》に幸綱の子昌幸《まさゆき》は、「岩櫃への撤退」を進言。すぐに勝頼を迎えるための準備を進めるも、勝頼が別の譜代重臣の進言を受け入れた結果、武田氏は滅亡。その後、昌幸は長男の信幸《のぶゆき》に城主を譲った。

岩櫃城は、上田城と沼田城を結ぶ真田道の中間地点として重要な位置を占め、徳川幕府の開設後も真田氏の城として使われたが、元和《げんな》元年（1615）の一国一城令に伴い破却された。江戸時代の文献によれば、当時城下の平川戸に市が立ち、多くの人出があったことを不審に思った家康に気づき、

山城の木丸は山頂にあるのが一般的だが、岩櫃城本丸は中腹に遺構がある。これは、展望台や指揮台を兼ねての中枢部であったと考えられている。

城郭DATA

築城年	不明
別名	一
所在地	群馬県吾妻郡東吾妻町大字原町
営業時間	一
アクセス	JR群馬原町駅から徒歩60分
定休日	12月～3月まで冬期登山自粛
駐車場	あり(無料)
入場料	無料

信幸はあえて岩櫃城を壊して城下町を現在の原町に移したともある。

甲斐の岩殿《いわどの》城、駿河の久能《くのう》城と並び武田の三堅城と呼ばれた。北関東を代表する山城で、のちに真田昌幸・信繁《のぶしげ》が徳川家康を恐れさせた上田城や大坂城「真田丸《さなだまる》」の原型ともいえる。

岩櫃山全体が要塞として機能

標高802・6mの岩櫃山。西側、南側は巨岩による絶壁で岩場はもろくなっている。さらに吾妻川へ下る急斜面により守られ、北は岩山に囲まれているため、上杉や北条を意識して東側の防御に重きをおいていた。正面から見ると、城の中心部は裏側に隠れており、山全体を機能的に活かした造りになっていた。

岩櫃城への道はまず、登山道から10分ほどで中城の開けた扇状地へ。そこから全長100m以上の一直線竪堀を登ると三の丸、碁盤の目曲輪がある。短く急な木製階段を登ると二の丸があり、さらに堀を越えて斜面を進むと本丸にたどり着く。

また、山の南側には勝頼を迎えるために3日で急造された御殿、根津潜龍院《ねづせんりゅういん》がある。

標高802.6mの岩山、岩櫃山。中腹東面に岩櫃城が築かれた。南面は200mの絶壁で、奇岩や怪石も多く「ぐんま百名山」にも選ばれている。

金剛院は岩櫃山の近くにある観音山の別名で、出陣前の必勝祈願はここで行っていたらしい。

密岩神社は齋藤氏ゆかりの神社で女神が祭られている。金剛院とともに岩櫃にかかわりが深い。

明治17年（1884）に護摩堂《ごまどう》は顕徳寺《けんとくじ》の本堂となり現存していて、潜龍院跡は赤磐《あかいわ》登山口に残っている。

背景には古来の修験文化

上州・東吾妻町の岩櫃は古来、修験《しゅげん》文化と一体となった地である。

「岩鼓の要害」といわれた支城、柳《やなぎ》沢《さわ》城の下には、岩櫃城の鬼門の鎮守として600年前に建てられ、「観音様」として親しまれる瀧《りゅう》峩《が》山《さん》金《こん》剛《ごう》院《いん》不《ふ》動《どう》堂《どう》がある。また天狗の丸には「岩櫃神社」、山頂近くにはかつて祈祷の祠《ほこら》もあり、善導寺《ぜんどうじ》も岩櫃城の鬼門・切沢にあったが、現在は原町に移っている。

とりわけ、謎と伝説に包まれている「密《みつ》岩神社《いわじんじゃ》」の奥宮《おくみや》（古くからの神社）は崖の岩の中に造られた社で、誰がどのように造ったのかは謎である。現在は行くことができないが、遠くから眺めることはできる。

しかし、古くから密岩神社を慕う地域住民の厚い志により、平成23年（2011）5月に、よりお参りがしやすい古谷地区の中心地に里宮が設けられ、遷宮が行われた。

グッズ・お土産

……城御朱印帳……

蛇腹タイプのポケット付き御城印帳の表（左）と裏（右）。1冊2400円。

真田氏ゆかりの四城の御城印を購入するともらえる真田領四城攻城記念御城印

真田氏に関係した、沼田城・名胡桃城・岩櫃城・上田城の各城址の御城印を購入された人を対象として、真田領の四城を攻城した記念として、無償で頒布される御城印。各観光案内所等で、四城の御城印を提示するともらうことができる。

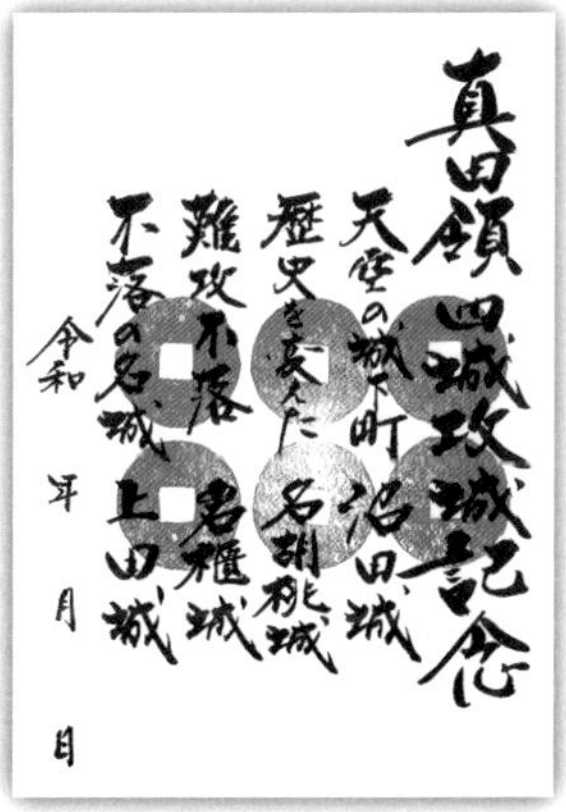

御城印

❶掛川城の歴代城主の中から、石垣天守など近世城郭としての体裁を整えた山内家の家紋「三つ葉細柏」。

❷掛川城最後の城主、太田家の家紋「桔梗紋（ききょうもん）」。

❸中央は掛川城の地名龍頭山から「龍頭」の印。左下は掛川城の別名「雲霧城」の印。

静岡県掛川市

日本100名城／重要文化財

掛川城《かけがわじょう》

山内家、太田家の家紋と龍頭の印

御城印DATA

販売場所	掛川城御殿売店
販売料金	300円（税込）

戦国武将たちが争う遠江の拠点

掛川城のはじまりは、掛川城より東に５００ｍほどのところにあったと言われている掛川古城である。明応《めいおう》６年（１４９７）から文亀《ぶんき》元年（１５０１）の間に、駿河の守護大名今川氏が重臣朝比奈《あさひな》泰熙《やすひろ》に遠江《とおとうみ》進出の拠点として築かせた。遠江で今川氏の勢力が拡大していくと、掛川古城では手狭となり、現在の地に築かれた。

東海の要衝として、今川《いまがわ》、武田《たけだ》、徳川《とくがわ》の覇権争いが繰り広げられ、家康《いえやす》領有後は重臣石川家成《いしかわいえなり》が入城し、武田氏侵攻に対する防御の拠点となった。

しかし、天正《てんしょう》18年（１５９０）、豊臣秀《とよとみひで》吉《よし》が全国平定を達成した際は、家康を関東へ移してその旧領地には秀吉配下の大名を配置した。この城には山内一豊《やまうちかつとよ》が城主として10年間在城し、大規模な城郭修築を行い、天守、大手門を建設するなど、中世の城から近世城郭へと大々的に改修した。また、城下町の整備や大井川の治水工事などにも力を注いだ。

安政《あんせい》元年（１８５４）の安政の大地震では、天守など大半が損壊したが、現在の

山内一豊が築城した高知城を参考にして、残された図面に基づき忠実に再現された日本初の本格木造天守。

城郭DATA

築城年	永正9年（1512）ごろ、天正18年（1590）
別名	雲霧城、松尾城
所在地	静岡県掛川市掛川1138-24
営業時間	9:00〜17:00（最終入場16:30）
アクセス	JR掛川駅から徒歩7分
定休日	なし
駐車場	あり（大手門駐車場・有料）
入場料	大人410円

御殿などは翌年から6年かけて時の城主太田資功《おおたすけかつ》が再建し、明治元年（1868）まで掛川藩で使われた。廃城後も、町役場や学校として使用されながら残った。天守台や本丸の跡などの一帯は公園となったが、掛川市民の熱意と努力が実を結び、日本初の「本格木造天守」として平成6年（1994）、140年ぶりに再建された。

山内一豊が整備した美しい城

通常、天守は本丸に建てられているが、この城は本丸の北側にやや高い段を設けて曲輪《くるわ》「天守丸」を造り、天守を建てた。城下から比高約30mのため、遠く富士山を望むこともできる。

天守は、三層四階から成る。本体は6間×5間（約12m×10m）でやや小ぶりだが、張り出し部を東西に設けたり、入り口に付櫓を設けたりして外観を大きく複雑に見せている。白漆喰総塗籠めの真っ白な外容は京都聚楽第《じゅらくてい》に、黒塗りの廻縁・高欄は大坂城天守にならったと考えられている。貴族的な外観をもつその美しさは「東海の名城」と謳《うた》われ、山内一豊が築城した高知城は、掛川城を模して造られたとも伝えられ

江戸時代の藩の政治や大名の生活が偲ばれる貴重な建物として3年かけて保存修理が実施され、昭和55年（1980）に国の重要文化財に指定された。

バリエーション

あらたに2019年8月より、掛川観光協会が作成した掛川三城（三城物語）の御城印セット。今川、武田、徳川による遠州を巡る争いを御城印で表現している。掛川城オリジナル版とはデザインが異なる。掛川観光協会ビジターセンターなどで取り扱っている。

横須賀城は天正6年（1578）に徳川家康が家臣の大須賀康高に命じて高天神城攻略の起点として築かせた城。玉石積みとよばれる丸い河原石を用いた石垣などが残る。

ている。

山内一豊以前の遺構の可能性がある二の丸と本丸の間の堀は、十露盤《そろばん》堀と三日月堀。三日月堀は深さ8mで、堀と土塁を湾曲させた虎口である「丸馬出」の名残と考えられている。

本丸の隣の太鼓櫓は二の丸御殿同様藩政時代のもの。三の丸にあったものが現在地に移築されている。当時使われた大太鼓は現在、市の文化財に指定され、掛川城御殿の広間に展示されている。

藩政でも活用された重要文化財

掛川城御殿は、江戸時代後期の建物で、現存する城郭御殿しては、京都二条《にじょう》城など全国で4ヶ所しかない貴重な建築物である。

7棟からなる書院造で、畳を敷き詰めた多くの部屋が連なり、各部屋は襖《ふすま》で仕切られ、それぞれの用途に応じ約20部屋に分かれている。対面儀式が行われる書院棟、藩主の公邸である小書院棟、諸役所の建物などがあり、身分ごとに入り口が設けられている。

高天神城は徳川・武田が攻防戦を繰り広げた決戦場。「高天神を制するものは遠州を制する」といわれた要衝で、難攻不落の名城であった。

御城印

福井県坂井市

日本100名城／重要文化財

丸岡城《まるおかじょう》

内堀をあらわす五角形の朱印が家紋を囲む

❶丸岡城主を務めた柴田家、本多家、有馬家の家紋と、城の内堀の形状をあらわす五角形の朱印が押されている。

❷日本さくら名所100選に認定されていることから、桜をモチーフにした印が押されている。

御城印DATA

販売場所	丸岡城入場券売所
販売料金	300円（税込）

バリエーション

紅葉の印が押されたバージョンも

紅葉をモチーフにした印が押されているバージョン。

質実剛健な現存天守

天正4年（1576）、柴田勝家《しばたかついえ》の甥、柴田勝豊《かつとよ》が、織田信長《おだのぶなが》の命により一向一揆《いっこういっき》に備えるために築城した城。最初、東方の山中、一向一揆の拠点となった豊原に城を構えたが、わずか一年で交通の便の良い現在地に移したという。

勝豊の後、城主は安井《やすい》氏、青山《あおやま》氏、今村《いまむら》

天守は、外観は二階建てに見えるが内部は三階建て（二層三階）となっている。

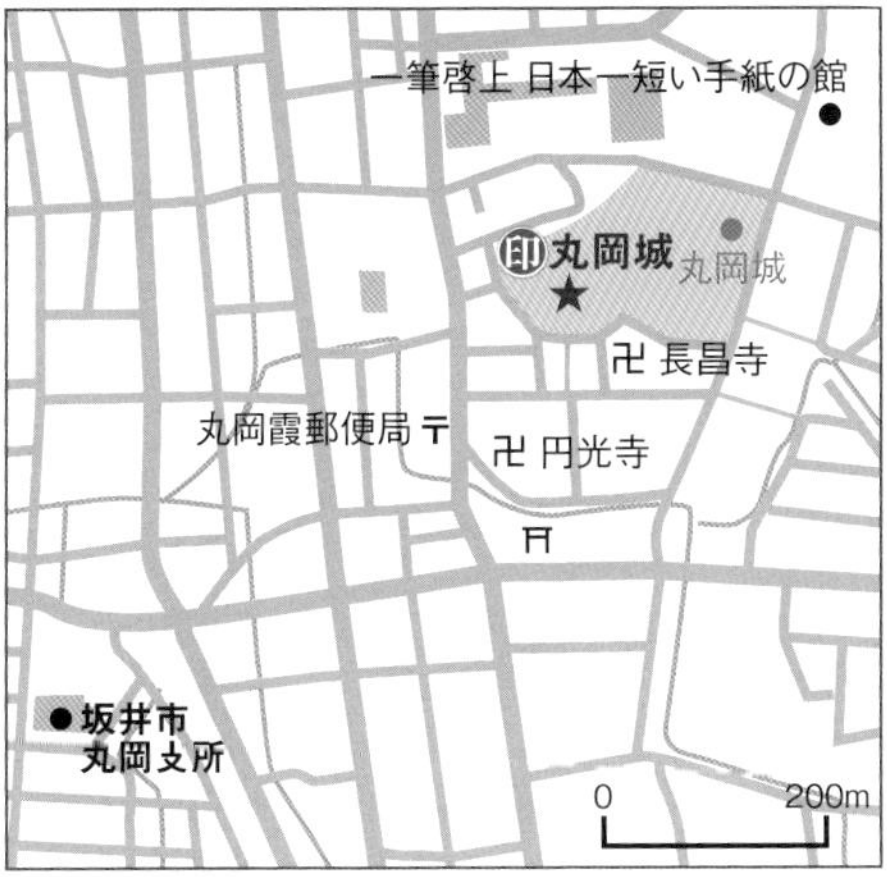

城郭DATA

築城年	天正4年（1576）
別名	霞ヶ城
所在地	福井県坂井市丸岡町霞町1-59
営業時間	8:30~17:00（最終入場16:30）
アクセス	JR福井駅京福バス乗り場から「丸岡線」で約50分、終点「丸岡城」すぐ
定休日	なし
駐車場	あり（150台）
入場料	大人450円

氏を経て、慶長《けいちょう》18年（1613）に本多成《ほんだなり》重《しげ》が入城。寛永《かんえい》元年（1624）には福井藩から分藩して初代丸岡藩主となった。江戸から昭和にかけて丸岡のまちのシンボルだった丸岡城天守は、昭和9年に国宝保存法に基づいて国宝に指定されたが、昭和23年の福井地震で倒壊。倒壊前の材の多くを使用して昭和30年に修復された。現在は文化財保護法に基づき重要文化財である。

近年の調査で現存する天守は寛永期（1620〜1640頃）のものであることがわかった。小高い独立丘陵を本丸として、本丸の北側に御殿のある二の丸を配置し、北西側に大手門を構える。五角形の内堀は最大幅約90mを測り、その外側に武家屋敷を配置した三の丸、外堀を巡らせていた。内堀は明治以降に埋め立てられたものの、外堀の一部は現在も水路として残っている。

天守は、一重目の大きな入母屋《いりもや》屋根の上に小さな建物を載せた望楼《ぼうろう》式。各重の垂木《たるき》を漆喰塗り込めにせず、外壁は下見板張り。また、附櫓や穴倉構造を持たず、直接1階に石階段が接続している。天守台と上の木造部で平面形が一致していないため、雨の

春は満開の桜の中の幻想的な姿を見ることができ、夜間はライトアップもされる。

バリエーション

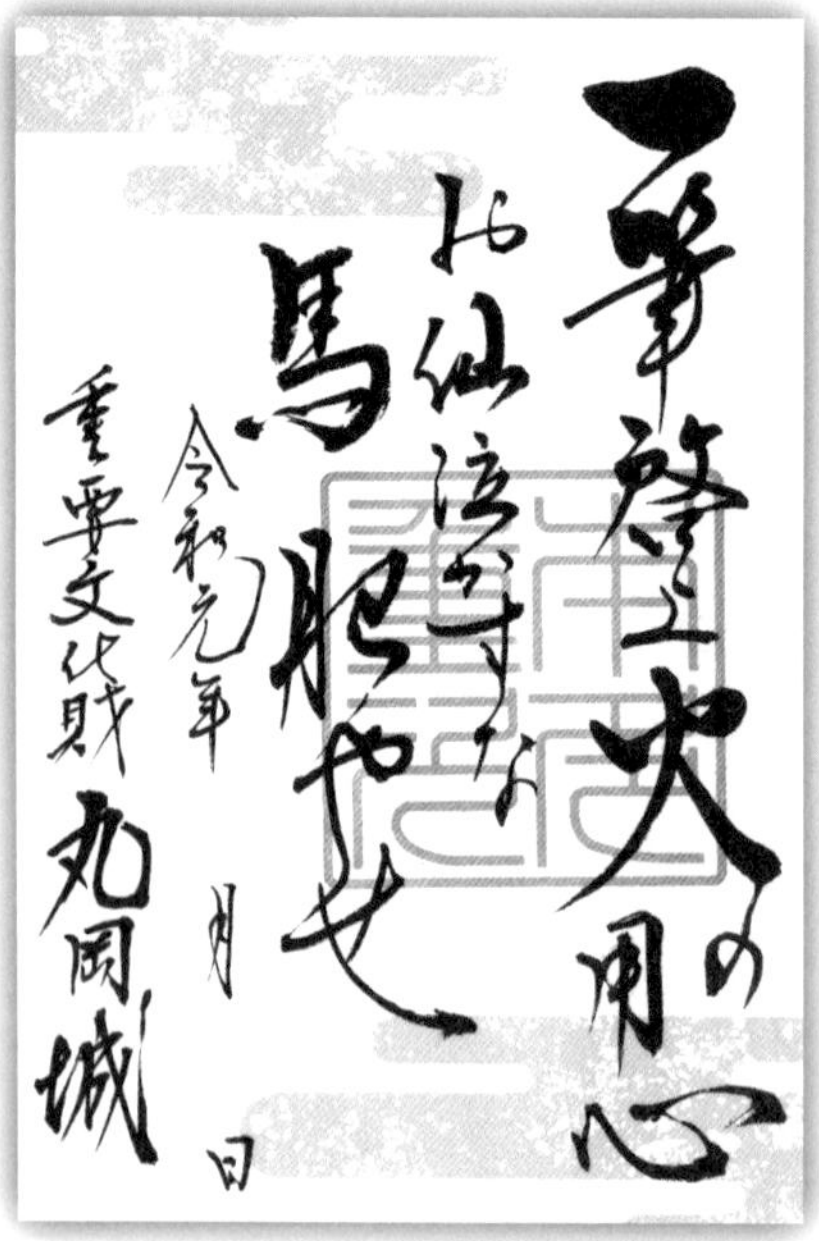

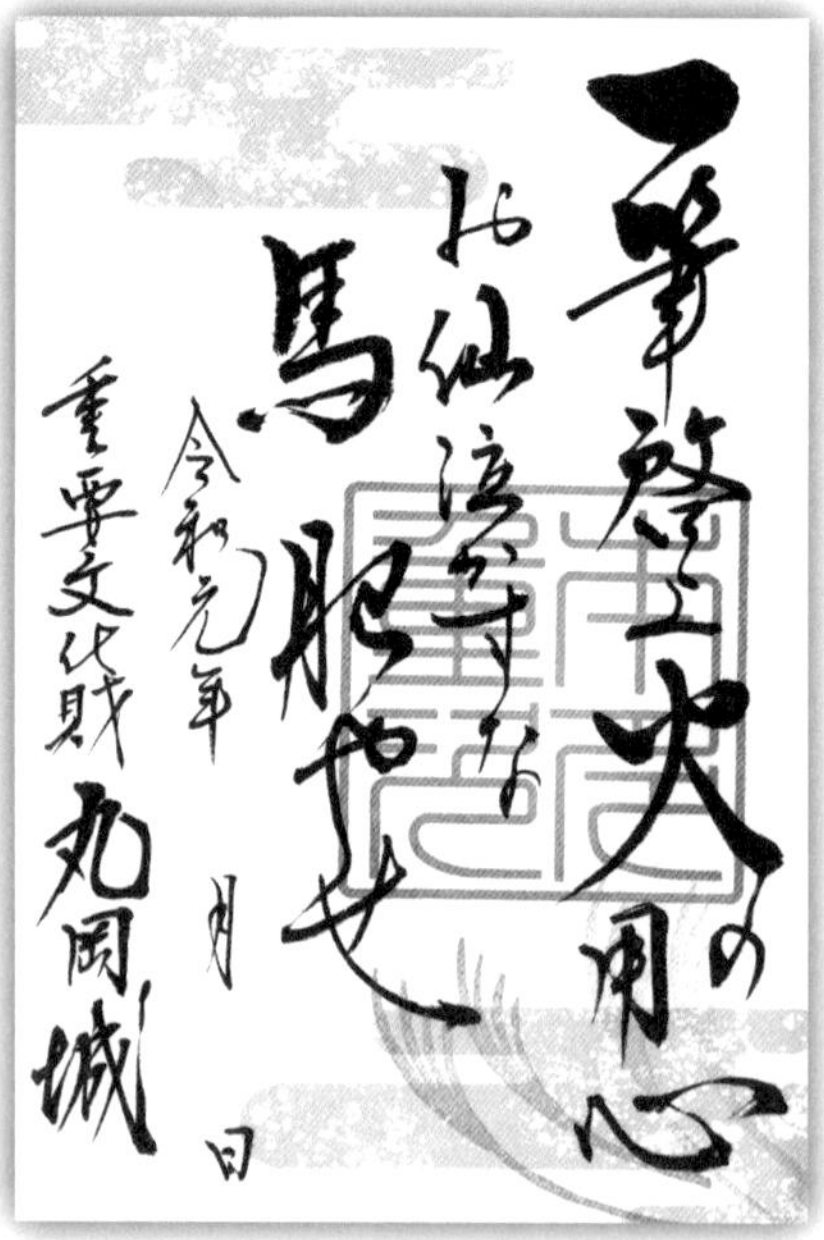

「本多重次」名の御城印も販売されている

「一筆啓上 火の用心 お仙泣かすな 馬肥せ」という短い手紙を書き起こし、初代城主本多成重の父、重次の印を押したもの。これは、重次が陣中から妻に宛てて送ったものとして有名で、「お仙」とは成重(幼名:仙千代)のこと。短い文章の中に大事なことが簡潔明瞭に言い尽くされており、日本一短い手紙文の一筆啓上賞の起こりともなっている。

吹き込みを防ぐために庇状の板張り屋根を取り付けたとされている。

屋根は石の瓦で葺かれており、現存天守では唯一の事例。もともとは福井市足羽山から産出する笏谷石製で、当時の焼瓦では冬季に凍結して割れてしまうため、石製にしたと言われている。下重東西の棟に取り付けられた鬼の顔を刻んだ鬼瓦も石製。現在の屋根は石川県産の滝ヶ原石が8割以上を占めている。

天守台は福井地震後の修復で積みなおされているが、古写真によれば矢穴技法を用いない野面積の石垣で、古い積み方であったことが分かっている

丸岡城にまつわる伝説

一つは、初代城主柴田勝豊が築城した際の話。何度も崩れる天守の石垣に入れた人柱は、子を抱え苦しい生活をしていたお静という女性だった。その子を侍に取り立てる条件だったが、丸岡城完成後、勝豊は近江《おうみ》長浜《ながはま》へ移り、その約束は破られた。

丸岡城天守石垣のそばには、本多作左衛門重次の手紙が刻まれた一筆啓上碑が建てられている。

それから、田植えの準備の頃になると、堀から水があふれるほど雨が降るようになり、「お静の涙雨」と人々は呼ぶようになったという。今でもこの時期に行われる丸岡祭（国神神社春季祭礼）は、天候に恵まれることが少ないそう。

もう一つとは、「霞ヶ城」の云われ。丸岡城築城後も、一向宗の残党が城を襲うことがあったが、その度に井戸から大蛇が現れ、城に霞をかけて城の危機を救ったという。

丸岡城特有の二階部へと上る急な階段。登り綱を持って上がる。

御城印

青森県弘前市

日本100名城／重要文化財

弘前城《ひろさきじょう》

津軽に伝わる「こぎん刺し」をイメージ

❶枠のデザインは津軽に伝わる刺し子技法「こぎん刺し」をイメージしている。

❷書は御城印の販売にあたり、弘前市内在住の書家が揮毫したもの。

❸中央の朱印は藩主津軽氏の家紋「杏葉牡丹」をあしらっている。

御城印DATA

販売場所	4月1日～11月23日:弘前城天守内売店、4月1日～3月31日:弘前城情報館
販売料金	300円（税込）

日本最北の現存天守

津軽《つがる》地方の統一を成し遂げた大浦為信《おおうらためのぶ》（のち津軽と改姓した）の子・津軽信枚《のぶひら》が築いた城。

為信は天正《てんしょう》18年（１５９０）の小田原攻めで豊臣秀吉《とよとみひでよし》に加勢し、この頃までに所領を安堵されている。慶長《けいちょう》5年（１６００）の関ヶ原の合戦では徳川家康《とくがわいえやす》に加勢し、4万７０００石の弘前藩が成立した。

為信は「高岡」の地に城の築城計画を進めるが、慶長12年（１６０７）に京都で客死。2代藩主の信枚が築城を開始し、慶長16年（１６１１）、わずか1年と数ヶ月で落成した。

築城時の天守は五層五階の立派なものだったが、完成からわずか16年後の寛永《かんえい》4年（１６２７）に、鯱に落雷し焼失。翌年、地名が「弘前」と改められた。

江戸時代には武家諸法度により、城の建築が厳しく制限されていたため、天守は再建されず櫓で代用され、以来約２００年の間、天守がない状態が続いていた。江戸時代後期の文化《ぶんか》7年（１８１０）に、弘前藩9代藩主寧親が蝦夷地警備の功により、隅

天守以外にも、写真の追手門など五つの城門と
三つの櫓が現存。いずれも国の重要文化財。

櫓造営という名目で幕府の許可を取り、完成させた。これが、御三階櫓と呼ばれる三層三階の現在の天守である。東北唯一の現存天守として知られている。

特長は下乗橋側からの東・南面と、本丸から見る西・北面の外観が異なる点。東・南面の外観は一重と二重に白漆喰塗籠《しろしっくいぬりごめ》の切妻破風や懸魚をしつらえた古風ながら優美な印象をたたえている。平成27年には約100年ぶりの本丸東側石垣修理のため、曳屋工事が行われている。

城内は弘前公園として整備されているが、築城時の城郭の姿がほぼそのまま残されている。各櫓や城門など外観の見学自由。城内は樅、銀杏、松、杉の古木が多く、また桜の名所としても広く知られ、春にはソメイヨシノを中心に52種約2600本の桜が咲き誇る。

石垣修理をするため、天守は約70m、
本丸の内側へ移動している。

城郭DATA

築城年	慶長16年(1611)
別名	高岡城、鷹岡城
所在地	青森県弘前市大字下白銀町1
営業時間	9:00～17:00
アクセス	JR弘前駅から弘南バス「市役所前」または「文化センター前」徒歩10分
定休日	営業期間中無休(営業期間4月1日～11月23日)
駐車場	なし
入場料	大人320円(本丸・北の郭有料区域)

御城印

青森県三戸郡

国指定史跡

三戸城《さんのへじょう》

南部家ゆかりの向鶴紋と割菱紋が押されている

❶南部家の定紋「向鶴紋（むかいづるもん）」。鶴の羽は時代によって枚数が異なるが、使用した紋は南部家が二十万石に加増された以降に改められたもの。

❷「三戸城」の文字は盛岡南部家第四十六代当主南部利文（なんぶとしふみ）氏の書。

❸「割菱紋（わりびしもん）」は甲斐源氏である武田氏の系統と関係が深く、古い時代の南部家の紋とされている。紋の紫色は、かつて三戸の名産であった南部紫根を意識したもの。

御城印DATA

販売場所	三戸町立歴史民俗資料館
販売料金	300円（税込）

南部氏が築いた山城

戦国時代、北奥羽地方最大の勢力を誇った南部《なんぶ》氏は、三戸《さんのへ》（旧南部町、三戸町、田子町を合わせた三戸地方）を中心に糠部郡《ぬかのぶぐん》を支配した。三戸城は24代南部晴政《はるまさ》が築いたとされる山城《やまじろ》で、伝承では天文《てんぶん》８年（１５３９）にそれまで居城としていた本三戸城（聖寿寺館《しょうじゅじだて》・現南部町）が家臣の謀反で焼失したことから、留ヶ崎に築いた新城を三戸城とした。

その後南部氏の居城は福岡《ふくおか》城、盛岡《もりおか》城へと移っていったが、三戸城は城代や代官が置かれ、大切にされてきた。

今日でも石垣や堀跡など、当時を偲ばせる遺構が多い。春は桜が咲き誇る青森県南随一の桜の名所としても有名である。

令和元年（２０１９）８月、１５９１〜１６２０年ごろに造られたと推定される本丸の石垣が見つかった。本丸の石垣の確認は初めて。検出したのは石垣の一部で、高さ１・６m、長さ５・８m。さらに地下に続いており、全体では高さ5〜６m、長さ数十mに及ぶとみられる。造られた年代は16世紀後半〜17世紀前半ごろと推定される。

三戸城の搦手門である鍛冶屋門跡の石垣。

出土した石垣は、その石一つひとつが城内に使われる中でも大きく、最大で1・3mにもなる。おおむね形をとどめ、自然石を積み上げる野面積《のづらづみ》の技法が用いられ、石垣の背面には、排水のために小さな石が敷き詰められていた。名久井岳《なくいだけ》山頂を中心とする半径2kmの地域と、麓の三戸町城山と南部町諏訪ノ平の飛び地を含む1076haが、名久井岳県立自然公園として昭和31年10月に指定された。

現在は城山公園として、多くの人びとの憩いの場として親しまれている。

南部氏の歴史資料を展示している三戸城温故館と、三戸町の歴史資料を展示している三戸町立歴史民俗資料館。

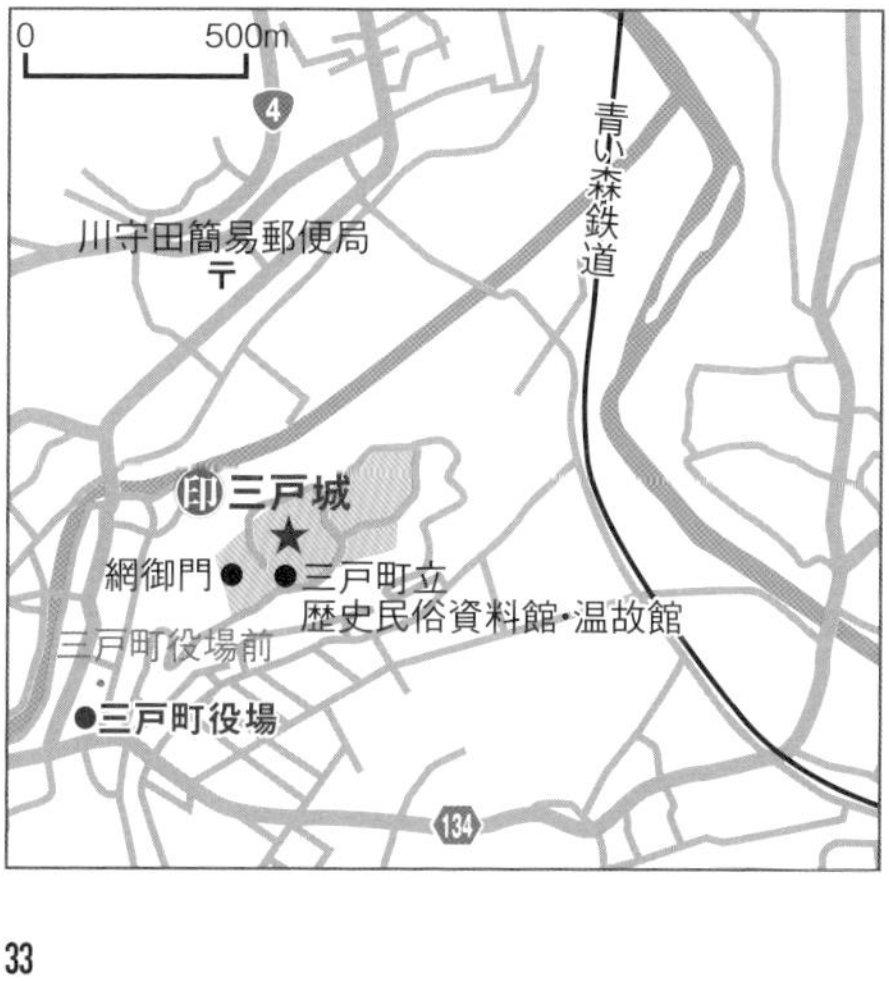

城郭DATA

築城年	15~17世紀
別名	―
所在地	青森県三戸郡三戸町大字梅内字城ノ下地内
営業時間	9:00～16:00（資料館は有料）
アクセス	青い森鉄道「三戸駅前」からバス 「三戸町役場前」下車、徒歩約15分
定休日	月曜日（祝日の場合は開館）、 祝日の翌日（土日の場合は開館）、 12月～翌年3月（冬期休館）（資料館）
駐車場	あり（無料）
入場料	無料

御城印

❷中央の朱印は聖寿寺館を築城したと考えられる十三代南部守行の肖像画背後の旗指物に描かれた南部氏の家紋「向鶴」をあしらっている。

❶弘前市在住の書道家・中堂佳音氏の書から南部町出身のデザイナー、上山保治氏がデザインしている。

青森県三戸郡

国指定史跡

聖寿寺館《しょうじゅじだて》

南部氏の家紋「向鶴」があしらわれている

御城印DATA

販売場所	史跡聖寿寺館跡案内所
販売料金	300円（税込）

盟主・三戸南部氏の居館

聖寿寺館跡は室町・戦国時代の南部《なんぶ》氏一族の盟主・三戸《さんのへ》南部氏の居館。馬淵川の左岸段丘上に位置し、奥州街道と八戸・鹿角街道の結節点に築かれた。城館は東西３００ｍ、南北２５０ｍの直線の堀で区画され、南西側は高さ約30ｍの天然の断崖で守られている。発掘調査では南北18間（36ｍ）×東西21間（42ｍ）に及ぶ東北最大の大型掘立柱建物跡や二階建てと考えられる礎盤石建物跡、東北最大級の門柱跡などが確認された。

また、城館北側からは国内でも古い段階の枡形《ますがた》虎口《こぐち》も確認されている。城内からは都との関係を象徴するような瑠璃釉磁器や青磁酒会壺など多くの高級陶磁器が出土している。一方、本州アイヌ文化の痕跡と考えられる骨角製品やシロシ付染付皿が出土していることから、アイヌ文化に関係する人々が城内で何らかの役割を担い、長期的に滞在していたと想定される。聖寿寺館は天文《てんぶん》8年（１５３９）に炎上したと伝えられ、その後三戸城へと移転した。城館廃絶後も付近には南部氏の菩提寺や盛岡藩初代藩主信直の墓石、二代藩主利直とその子利康の霊屋が建立され、南部藩発祥の地として多くの文化財が受け継がれてきた。

平成5年度に試掘調査、平成6年度から本調査に入り、多くの貴重な成果を得て現在に至っている。これまでの調査面積は約24,700㎡。

御城印にあしらわれている向《むかい》鶴《づる》紋、または双《そう》鶴《かく》紋と称される南部家定紋の起源について二説が伝えられている。ひとつは、藩祖南《なん》部《ぶ》三《さぶ》郎《ろう》光《みつ》行《ゆき》が建《けん》久《きゅう》4年（1193）の春、源頼朝《みなもとのよりとも》に従って信州浅間山へ狩りに赴いたときに、陣所付近の池に飛来した二羽の鶴を殺さずに射ち落とし、頼朝から賞されたことを記念して二羽の鶴を定紋にしたという説。もうひとつは、13代南部守行《もりゆき》のときの応永18年（1411）正月、根《ね》城南部氏10代光経が先陣の将として秋田安東氏と山北（仙北郡）での戦中、夜明けの空に二羽の鶴が飛来し、九曜《くよう》の星が空から降ってくる夢を見て勝利をおさめることができたため、このことを記念して胸に九曜の星をつけた向鶴を家紋と定めたという説である。

史跡聖寿寺館跡案内所では、南部氏の歴史を解説したパネルや、聖寿寺館跡から発掘された当時の食器や武具などの一部が展示され、休憩スペースも設けられている。

城郭DATA

築城年	15世紀前半
別名	本三戸城
所在地	青森県三戸郡南部町大字小向字舘
営業時間	9:00～16:30
アクセス	青い森鉄道三戸駅から車で5分または徒歩40分
定休日	12月29日～1月3日
駐車場	あり（無料）
入場料	無料

御城印

青森県西津軽郡

種里城《たねさとじょう》

津軽藩ゆかりの揮毫・家紋でデザイン

❶「津軽藩発祥之地」の題字は、昭和51年（1976）、始祖光信公四五〇年祭を記念し、津軽家第十四代義孝（常陸宮妃華子様の実父）が揮毫し落款したもの。

❷「種里城」の文字は、昭和7（1932）年に城跡入り口に建立された種里城址碑（弘前市の書家・高山松堂氏）の文字を元にしている。

❸朱印は上が城主大浦光信の家紋「蔓花菱（つるはなびし）」、下が光信を始祖と仰ぐ津軽家の家紋「杏葉牡丹（ぎょうようぼたん）」。

御城印DATA

販売場所	光信公の館受付 ※休館日は冬期間を除き鰺ヶ沢町中央公民館で販売
販売料金	300円（税込）

津軽藩発祥の地とされる堅城

延徳《えんとく》3年（1491）、南部《なんぶ》氏の一族で久慈《くじ》出身の武将・大浦光信《おおうらみつのぶ》が入ったとされる城。安藤《あんどう》氏（安東氏）との抗争地帯であった津軽西海岸を掌握するため、三戸南部氏が一族の光信を派遣したとされている。

光信は種里城を居城とし、周辺豪族を制しつつ津軽平野に進出。文亀《ぶんき》2年（1502）には津軽平野内陸部の岩木山《いわきさん》麓《ろく》に大浦城を築城して、子・盛信《もりのぶ》の居城とした。自身は種里城にとどまり、大永《たいえい》6年（1526）に死去。城内に埋葬された。

その後、代々の大浦氏の居城は大浦城となり、種里城は支城として江戸時代初めまで使われた。その後、2代盛信から4代為《ため》則《のり》まで着々と勢力を伸ばし、5代為信《ためのぶ》の時に津軽を統一したため、光信は津軽藩の始祖として伝えられた。種里城跡は「津軽藩発祥の地」とされた。

城址は赤石川《あかいしがわ》を約8㎞さかのぼる中流域、標高約45ｍの左岸、丘陵上にある。今では城域の大半は杉林となっており、主郭地区が公園化されて一般開放されている。大きく4つの区域に分かれており、中心部の主

種里城跡の発掘資料や津軽藩ゆかりの資料などを展示する光信公の館。前庭には、鎧兜姿の光信の銅像があり、津軽家の家紋にちなんで数百本のぼたんが植えられていて、5月下旬～6月上旬には見頃を迎える。

郭地区、北側の侍屋敷地区、尾根と主郭に囲まれた南西部の下門前地区、寺ノ沢をはさんで隣接する上門前地区など、平坦地群で構成されている。

主郭地区は、南北200m、東西100mの広さ。平地から約20mの高さの独立した曲輪《くるわ》になっていて、東側を赤石川に面した急な崖、ほかの三方を自然の谷地形を利用した、幅60～70m、深さ20m以上の大規模な堀がめぐり、きわめて防御性が高い。主郭の南西下には、大浦光信が埋葬されたという「御廟所」がある。平成14年（2002）には「津軽氏城跡」として国史跡に指定された。現在は発掘調査が進められ、出土品を「光信公の館」で見学できる。

城主の館の復元展示。平成4年から6年まで発掘調査したところ、多数の柱穴が確認された。

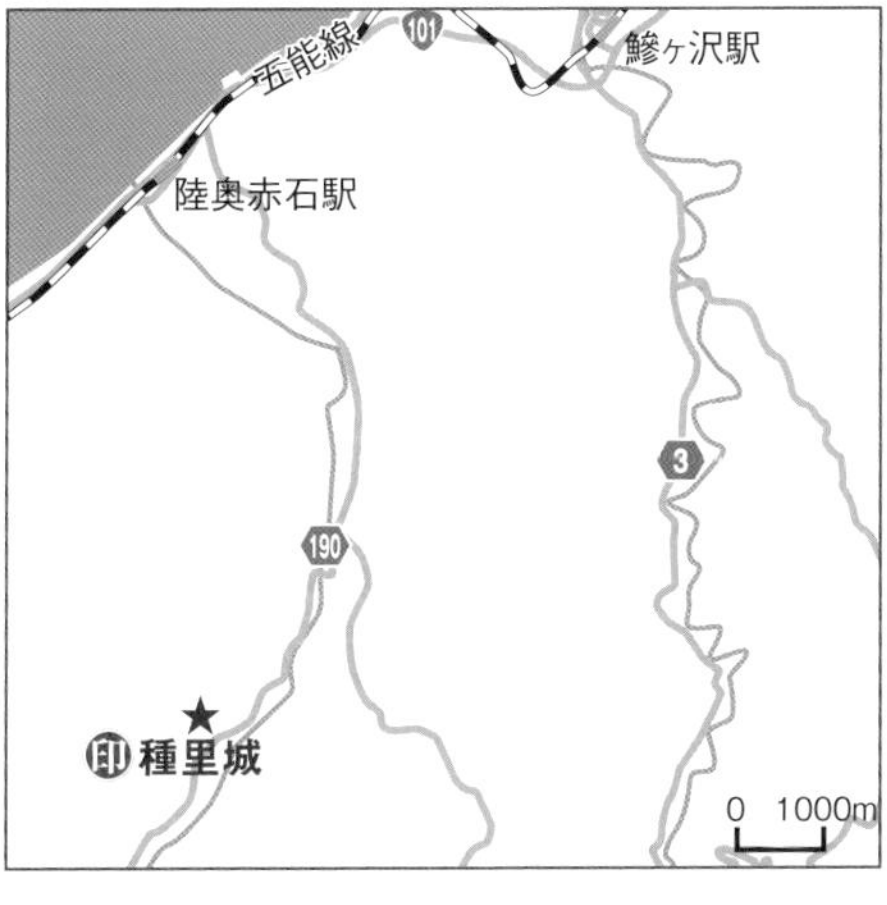

城郭DATA

築城年	延徳3年（1491）
別称	ー
所在地	青森県西津軽郡鰺ヶ沢町大字種里町字大柳90
営業時間	5月1日～10月31日までの金～日曜日・祝日 9:00～17:00（9月からは16:30まで）
アクセス	JR五能線「鰺ヶ沢駅」から車で約15分
定休日	11月～4月、5月1日～10月31日までの月～木曜日
駐車場	あり（無料）
入場料	光信公の館（資料館）300円、公園内は無料

御城印

青森県青森市
続日本100名城／国指定史跡

浪岡城《なみおかじょう》

浪岡北畠氏の末裔の家紋を図案化

❷村上源氏の代表紋である「笹竜胆」(上)と、「竜胆車」(下、向竜胆とも)がデザインされている。

❶書は書家の故山内清城氏が揮毫したもの。浪岡城跡案内所の看板に使用されている書を引用している。山内氏は書や刻字で多くの受賞歴があり、田舎館村の村庁舎の看板をはじめ、青森県内の多くの寺社や企業の看板を書や刻字で作成している。

御城印DATA

販売場所	青森市中世の館
販売料金	300円(税込)

二重堀で曲輪を区切った中世城館

浪岡城は、１４６０年代に浪岡北畠《きたばたけ》氏によって築城された中世の平城《ひらじろ》で、東北地方では数少ない御所の名称が付く「浪岡御所」と尊称された。

浪岡北畠氏は、南北朝時代、後醍醐《ごだいご》天皇を助けた北畠親房《ちかふさ》、顕家《あきいえ》の子孫と伝えられる。浪岡氏は南部氏の保護を受けていたが、三戸南部氏が北朝方につくと、南朝方の根《ね》城南部氏を頼って浪岡に入部したと考えられる。浪岡氏はここを拠点として津軽の大きな勢力に成長し、１５００年代前半の最盛期には、京都と盛んに交流し、寺社を建立するなどしていたが、永禄《えいろく》５年（１５６２）の川原御所《かわはらごしょ》の乱（一族の内乱）で衰退。天正《てんしょう》６年（１５７８）に大浦《おおうら》（津軽）為信《ためのぶ》により落城した。

浪岡川右岸に築かれた浪岡城の広さは東京ドーム約3個分（東西９４０ｍ、南北２４５ｍ）を誇り、東から新館《しんだて》、東館、外郭、猿楽館《さるがくだて》、北館、内館、西館、検校館《けんぎょうだて》の8つの曲輪《くるわ》で構成されていた。曲輪を区切る堀のほとんどが幅20ｍ、深さ５ｍほどの

浪岡城跡は、指定面積約136,300㎡。落城後、城跡は畑や水田として使われてきた。

二重堀で分けられ、8つの館（郭）が扇のように広がる形が特徴である。堀と、堀の中の土塁により守りを強化しようとしたものと考えられる。また、土塁の上を通路としても使用し、城全体を迷路のようにしていたようである。

城跡は、昭和15年（1940）に青森県内初の国史跡に指定され、昭和52年（1977）から行われた発掘調査では、浪岡城跡の中心である「内館」と、「北館」、「東館」及び「西館」と堀跡の一部を調査し、当時使っていた食器や調理器具・武器類・農耕具・日用品・宗教用具・建築関係用品などが5万点以上も発見された。これらの遺物は中世時代の貴重な資料となっており、浪岡城が戦国城館としてだけではなく、住むための居館であることがわかっている。

青森市中世の館では、発掘調査により見つかった5万点以上の遺物が保管展示されている。

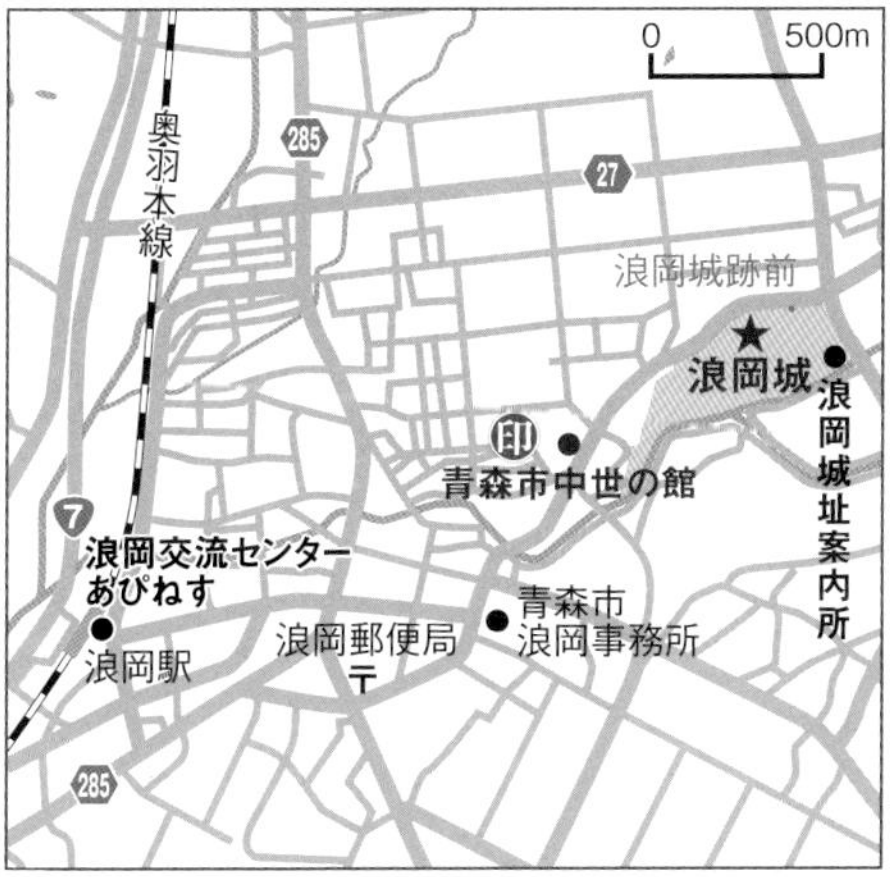

城郭DATA

築城年	1460年代（推定）
別名	―
所在地	青森県青森市浪岡大字浪岡
営業時間	― （冬季は降雪のため一部エリアのみ見学可能）
アクセス	浪岡駅から市民バス「青森空港経由青森駅行」に乗車し5分、「浪岡城跡前」で下車
定休日	―
駐車場	あり（浪岡城跡案内所の駐車場）普通車24台・大型車3台　臨時駐車場あり（普通車約100台）
入場料	無料

岩手県遠野市

国指定史跡

鍋倉城《なべくらじょう》

遠野南部氏の家紋と清心尼公のスタンプが押印

御城印

❶城主遠野南部氏の家紋「向鶴紋」（むかいづるもん）があしらわれている。

❷城主遠野南部氏の家紋「九曜紋」（くようもん）があしらわれている。

❸「清心尼公」のスタンプが押印される。清心尼公（せいしんにこう）は遠野南部氏が八戸根城の城主だった頃、夫である第二十代直政の死後、第二十一代を継いだ異例の女殿様である。

御城印DATA

販売場所	遠野市立博物館受付
販売料金	300円（税込）

仙台藩との藩境に築かれた天然の要害

天正《てんしょう》年間（1573～1592）、中世の領主・阿曽沼《あそぬま》氏により築城された山城《やまじろ》。阿曽沼氏ははじめ横田城（護摩堂城）を本拠地としていたが、たびたび洪水の被害に遭ったため、阿曽沼広郷《ひろさと》の代になって、本拠地を鍋倉山に移した。

鍋倉城は阿曽沼氏の旧居城の名を受けて横田城とも呼ばれた。豊臣秀吉《とよとみひでよし》の奥州仕置によって、鎌倉時代以来、400年にも及ぶ阿曽沼氏の支配は終わり、慶長《けいちょう》6年（1601）、遠野は南部氏の治下に入った。

最初は城代が置かれたが、阿曽沼氏残党による治安の悪化や仙台藩との藩境である重要性を考慮し、南部27代利直《としなお》のときに三戸南部と並ぶ有力な一族である八戸《はちのへ》南部・直義《なおよし》にこの地を支配させることとし、寛永《かんえい》4年（1627）、直義が遠野に入部した。以後240年あまり、遠野南部氏1万2000石の時代が明治維新まで続いている。

鍋倉城は中世山城の趣を残し、本丸のほ

か家臣団を住まわせた二の丸、三の丸などの郭があり、周囲には空堀や土塁などが設けられていた。中央に本丸が位置し、空堀をはさんで南方に二の丸、本丸の北東に三の丸がある。本丸の西辺に土塁が残り、また本丸と二の丸には礎石も見られる。堀跡も各所に見られ、本丸と二の丸の間のほか、本丸西方や二の丸西方（行燈堀）などにも認められる。

　本丸の建物は当初は萱葺《かやぶき》で、慶安年間（1648～1652）の火災以後は柾葺《まさぶき》に改められた。本丸は四方には板囲いの堀が巡っていた。二の丸の外囲は柵であったと思われる。山麓の西・北・東方は諸士屋敷があり、その外側に町人街、町の西端に下組、北端に中組、東端に上組の各同心屋敷があった。三の丸には現在、天守風の「なべくら展望台」がある。

鍋倉城が築かれた鍋倉山は、遠野盆地の南方にそびえる物見山のふもとの独立丘陵である。

現在は公園として整備され、なべくら展望台が建つ三の丸からは、遠野市街を一望できる。

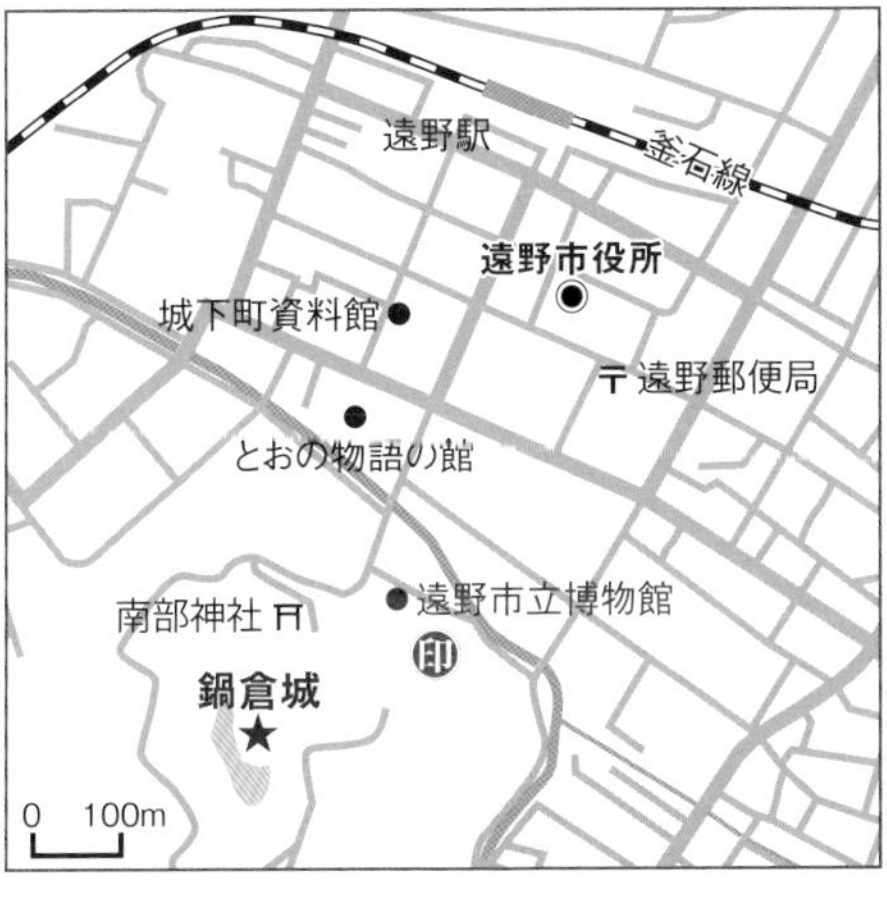

城郭DATA

築城年	天正年間（1573～1592）
別名	横田城
所在地	岩手県遠野市遠野町4、5、6地割
営業時間	―
アクセス	JR遠野駅から徒歩20分
定休日	―
駐車場	三の丸公園に無料駐車場あり
入場料	無料

御城印

岩手県久慈市

県指定史跡

久慈城《くじじょう》

久慈家の3つの家紋があしらわれた御城印

❶文字は市内の書家が揮毫したもの。久慈城が所在する地名として「南部久慈大川目」を表記。

❷家紋は上から「二重菱に五三桐（にじゅうびしにごさんのきり）」「卍（まんじ）」「久慈菱（くじびし）」である。久慈氏の直系は「九戸一揆」により滅亡したが、市内の家紋研究者によりこの3つの家紋が使用されていたと考えられている。

御城印DATA

販売場所	道の駅くじやませ土風館
販売料金	300円（税込）

城主とともに滅んだ久慈氏の居城

三百数十年にわたり久慈地方を治めたと伝えられている久慈氏。この城は、久慈信《のぶ》実《ざね》が文明年間に久慈大川目《おおかわめ》に構えたと伝えられている。

だが、既に城館がある場所に居を構えたのか、新たに築城されたかは不明であり、久慈氏自体も信実以前については諸説あり不明な点が多い。

天正《てんしょう》19年（1591）に九戸《くのへ》城主九戸政《まさ》実《ざね》と三戸《さんのへ》城主南部《なんぶ》信直《のぶなお》が戦った「九戸一《いっ》揆《き》」の際、久慈直治《なおはる》は、娘婿の政則《まさのり》とともに九戸方の武将として参戦。

しかし、豊臣秀吉《とよとみひでよし》の命により南部方の救援に赴いた秀次《ひでつぐ》を総大将とした大軍の攻撃を受ける。九戸城にて善戦したものの、浅《あさ》野《の》長政《ながまさ》の謀略にあい、ついに九戸方は降伏開城した。

直治、政則父子は九戸政実とともに捕らえられ、久慈氏の直系は滅亡した。

戦場にはならなかったものの、城主を失った久慈城は、その後間もない天正《てんしょう》20年（1592）、秀吉の諸城《しょじょう》破却《はきゃく》命令《めいれい》により

久慈城跡の案内板。ここから城跡を巡るように遊歩道がある。

取り壊され、姿を消した。

久慈城は別名八日館《ようかだて》、通称新町館《しんまちたて》とも呼ばれている。久慈川沿いにあり、開けた平野を一望できる。標高80ｍ、平野との比高差約40ｍの丘陵を利用して構築した山城《やまじろ》だ。

城跡は、主郭《しゅかく》を中心とする連郭式の郭《くるわ》、豪跡《ほりあと》、馬場《ばば》跡《あと》等が現在も良好な状態で残っており、中世山城の特徴を示す極めて重要な史跡とされ、令和4年（２０２２）、岩手県史跡に指定された。平成3年（１９９１）には、主郭の一部で発掘調査が行われている。掘立柱建物の柱穴群が発見され、かつて建物があったことが確認されている。

上空からの久慈城跡。平地との高低差を利用して構築されている。

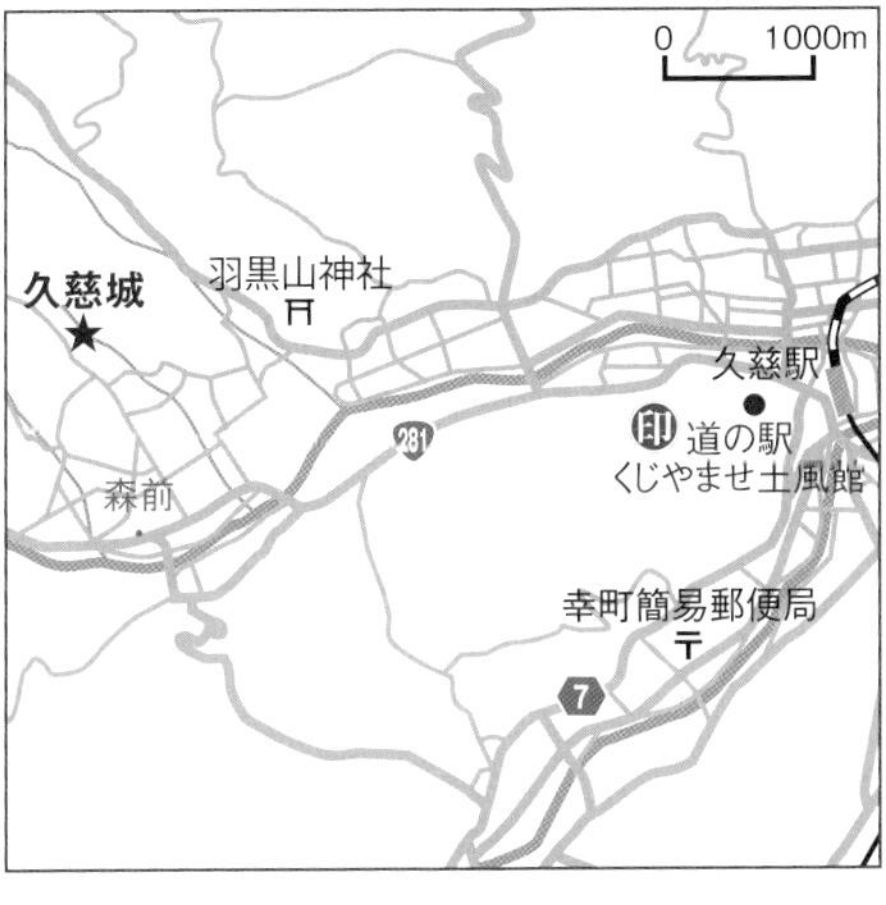

城郭DATA

築城年	文明年間（1469～1487）
別名	八日館
所在地	岩手県久慈市大川目町第25地割60地先
営業時間	―
アクセス	JR久慈駅から車で15分
定休日	―
駐車場	あり（無料）（山口地区農業技術伝承館）
入場料	無料

御城印

岩手県二戸市

続日本100名城／国指定史跡

九戸城《くのへじょう》

9つの円を並べた九戸氏ゆかりの九曜紋

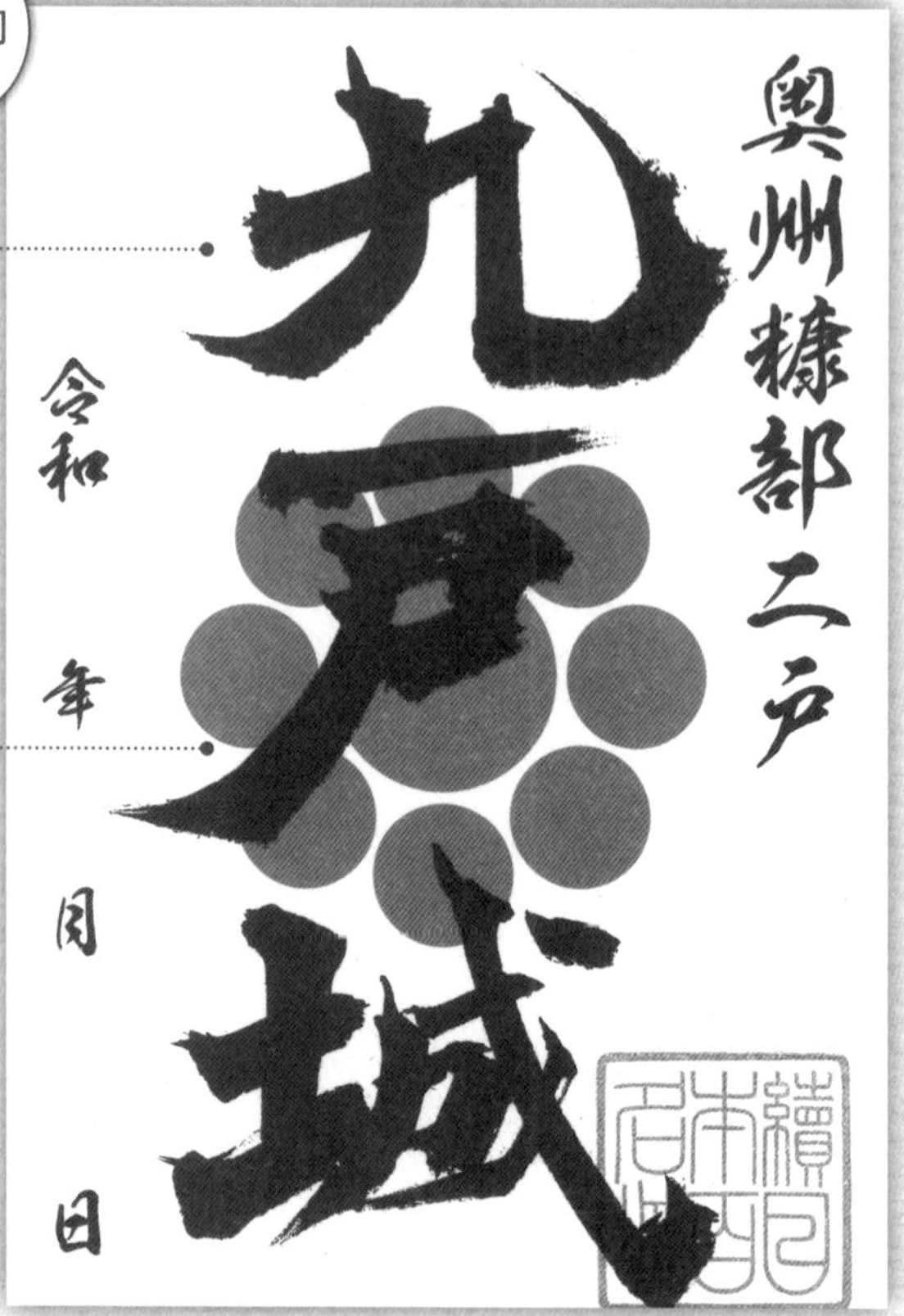

❶書は九戸市内の書家が揮毫したもの。

❷九戸氏の菩提寺である長興寺の寺紋および九戸氏ゆかりの九戸神社の神紋である「九曜紋」を用いた朱印。九曜紋は中心に円を描きその周囲に円を並べる「曜紋」で、中央の大きな円のまわりに八つ小さな円を囲んだものである。現在、九戸氏の家紋として九曜紋が広く用いられているが、『参考諸家系図』によると、「丸ノ内鶴」「割菱」とあり、詳細は不明である。

御城印DATA

販売場所	二戸市埋蔵文化センター受付
販売料金	300円（税込）

天下統一最後の合戦場

九戸政実《くのへまさざね》の4代前の光政《みつまさ》が明応《めいおう》年間（1492～1501）に築城したと言われる城で、豊臣秀吉《とよとみひでよし》天下統一の最後の合戦場でもある。

戦国時代末期、九戸政実が城主の代には南部氏の中でも勢力を誇り、南部氏の後継争いでは南部氏26代目の信直《のぶなお》と対立した。天正《てんしょう》18年（1590）、秀吉は小田原城攻略後、奥州仕置を開始。小田原不参陣の諸氏を追放するが、仕置軍が去ると残党が蜂起し、奥州地域は不穏な状況に陥った。

この機に乗じて政実は翌年2月に乱を起こすが、豊臣秀次《とよとみひでつぐ》を総大将とする奥羽再仕置軍が乱を鎮圧し、九戸城はあえなく落城。これにより、秀吉の国内統一は完了し、名実ともに配下の大名となった信直に、和《わ》賀《が》・稗貫《ひえぬき》・志和《しわ》の三郡を加封、蒲生氏郷《がもううじさと》に命じ、九戸城を豊臣流の城に大改修した。

信直は九戸城を福岡城と改め南部の本拠地として一時期居城した。しかし、その子重直《しげなお》が盛岡城に本拠を移し、その後、寛永13年（1636）に廃城となった。

九戸城は、地形を活かした曲線的な九戸

本丸には東北最古といわれる野面積（のづらづみ）の石垣が残る。

城の中に、直線的に改修された福岡城の要素があり、東北地方の中世の城と近畿地方の近世の城の特色が見られる。城跡には東北最古とみられる石垣遺構が残っている。

　河岸段丘上に位置する本丸と二の丸は落城後に改修されている。東方の石沢館《いしざわだて》と若《わか》狭館《さだて》は中世城郭的な曲線の塁線となっており、九戸城旧来の姿を留めている。

　さらに、本丸は二ノ丸より一段高く土を盛って築かれており、この盛り土から焼けた生活用品や火縄銃の弾丸が出土した。明らかに合戦後に整地されていることがわかる。堀沿いには土塁と石垣が巡り、土塁の高く広い部分は隅櫓《すみやぐら》跡である。二ノ丸は、本丸の東と南を囲む形で築かれている。本丸の西側下は三ノ丸で今は市街地となっている。

本丸には堀沿いに土塁と石垣が巡り、土塁の高く広い所には隅櫓跡が残る。

城郭DATA

築城年	推定明応年間（1492～1501）
別名	福岡城
所在地	岩手県二戸市福岡字城ノ内
営業時間	―
アクセス	JR二戸駅東口からJRバス「二戸病院・軽米病院行」または岩手県バス「伊保内営業所行」で「呑香稲荷神社前」下車、徒歩5分
定休日	―
駐車場	なし
入場料	無料

山形県上山市

市指定史跡

上山城《かみのやまじょう》

歴代の上山藩主の家紋が勢揃い

御城印

❶寛永5（1628）～元禄5（1692）年の藩主土岐氏の家紋「土岐桔梗紋」。

❷寛永3（1626）～同4年の藩主蒲生氏の家紋「左三つ巴紋」。

❸元和8（1622）～寛永3（1626）年の藩主能見松平氏の家紋「杵築笹紋」。

❹元禄5（1692）～同10年の藩主金森氏の家紋「裏梅鉢紋」。

❺元禄10（1697）～明治4（1871）年の藩主藤井松平氏の家紋「埋み酢漿紋」。

御城印DATA

販売場所	上山城受付
販売料金	400円（税込）

かつて「羽州の名城」と称えられた城

室町時代の応永年間初期（1400年前後）に、羽州探題で最上氏の祖、斯波兼頼《しばかねより》の曾孫里見満長が初めて着封、上山殿と称し、虚空蔵山《こくぞうさん》に山城《やまじろ》を築いたのがはじめとされる。当時は高楯城、または亀ヶ岡城とも言われていた。

永正《えいしょう》11年（1514）には、伊達稙宗《だてたねむね》に攻略され、翌年和睦し返還、5年後に再び攻略されたが、天文《てんぶん》4年（1535）、満長の子孫、武衛義忠《ぶえいよしただ》が挙兵して奪還した。同年、高楯城を廃して、新たにこの地、天神森に平山城《ひらやまじろ》を築き、月岡城とも称した。戦国時代は最上《もがみ》氏・山形城の支配下にあり、最南端の支城として、たびたび米沢の伊達氏や上杉氏との攻防の舞台となった。

その後、城主は武衛氏三代、里見氏、元《げん》和《な》8年（1622）の最上家改易の後は能《の》見松平《みまつだいら》氏、蒲生《がもう》氏等を経て、歴代藩主が居住したが、城下町まで含めた諸施設が整ったのは17世紀の後期、土岐《とき》氏二代の治政下であった。白壁の城壁をめぐらし、後景には四季折々の緑や紅葉に映えた上山城。月

現在の上山城は昭和57年（1982）、外観が城郭風建築の郷土歴史資料館として、290年ぶりに再建されたもの。

岡・天神森にそびえる当時の壮麗な城郭は、小藩（2万5000石）ながら「羽州《うしゅう》の名城」として広く知れわたった。しかし、元《げん》禄《ろく》5年（1692）、土岐氏の転封と共に、幕命により跡形もなく取り壊された。

以来、上山藩は金森《かなもり》氏、藤井《ふじい》松平氏（3万石）10代の治領下で170余年間、代々城の再建が宿願であったが、明治維新まで一部を修復するに止まり、再築されることは無かった。周囲の堀も、明治5年（1872）に埋め立てられ、現在は堀跡や石垣が当時の名残をとどめている。

近年の発掘調査により出土した最上氏時代の山形城の瓦片と上山城の瓦片を比較すると、双方の類似性が確認され、上山城を築城するにあたり、山形城の影響を大きく受けたものと考えられている。

資料館内では上山の自然と風土、人々の営み、歴史、文化が紹介されている。

城郭DATA

築城年	天文4年（1535）
別名	月岡城
所在地	山形県上山市元城内3番7号
営業時間	9:00～16:45（最終入館受付）
アクセス	かみのやま温泉駅から徒歩12分または車で3分
定休日	毎週木曜日（祝日の場合は直前の平日）、12月29～31日、その他メンテナンス等による臨時休館日
駐車場	乗用車約50台（別に大型バスの駐車場有）
入場料	大人（一般）420円、団体（20名以上）370円学生（高校・大学生）370円、団体（20名以上）320円小人（小・中学生）50円、団体（20名以上）40円

御城印

福島県会津若松市

日本100名城／国指定史跡

鶴《つるがじょう》ヶ城

名だたる武将・大名が治めた歴史を家紋で表現

❶鶴ヶ城の600年の歴史を表現するかのように、鎌倉時代から幕末までの城主である蘆名氏、伊達氏、蒲生氏（前期）、上杉氏、蒲生氏（後期）加藤氏、保科氏、松平氏の家紋が並ぶ。

❷鶴ヶ城天守閣管理事務所の角印も押されている。

御城印DATA

販売場所	鶴ヶ城観光案内所
販売料金	300円（税込）

堅牢優美な奥州支配の要

鶴ヶ城の前身、黒川《くろかわ》城の原型は蘆名直盛《あしななおもり》が築いた。天正《てんしょう》17年（1589）、第二十代の蘆名義広《よしひろ》に対して伊達政宗《だてまさむね》が進攻し、摺上原《すりあげはら》の戦いで伊達軍が勝利。蘆名氏は敗走した。政宗は黒川城主となったが、豊臣《とよとみ》秀吉《ひでよし》の奥州仕置《しおき》により翌年岩出山《いわでやま》へ転封《てんぽう》。代わりに入城した蒲生氏郷《がもううじさと》が城の大改造を行った。没するまでわずか5年だったが、地名を若松に、城名を鶴ヶ城へと改め、東日本で初の天守を築いた。このほか畿内から招いた穴太衆《あのうしゅう》により縄張《なわばり》全体を改修した。城下町を整備して楽市楽座《らくいちらくざ》を開き、商工業をも発展させた。この地は、伊達氏や最上《もがみ》氏など北の有力武将を牽制し、江戸の徳川《とくがわ》家康《いえやす》の動きを監視する奥州の要として役割を果たしていたのである。

その後は上杉景勝《うえすぎかげかつ》、再び蒲生氏を経て、加藤嘉明《かとうよしあき》が入城。跡を継いだ息子明成《あきなり》が、大地震で傾いていた天守を層塔型五層に改修した。同時に北出丸《きたでまる》や西出丸《にしでまる》を整備し、打ち込み剥ぎを駆使した高石垣《たかいしがき》を築いた。

幕末には、会津《あいづ》・戊辰《ぼしん》戦争の舞台になる。戦乱の城下の様相に悲観した白虎隊《びゃっこたい》が

昭和40年（1965）、破却前に撮影された古写真をもとに外観が再現された復興天守。平成23年に既存の建物の屋根を赤瓦に葺き替える作業が完了。天守・走長屋・鉄門・南走長屋・干飯櫓のすべてが江戸時代末期の姿を取り戻した。

自決した悲話は有名。このとき、鶴ヶ城は周囲を敵軍に包囲されながら、一ヶ月にわたって籠城を続けた。多いときは一日に2500発もの砲撃を受けたという。必死の抵抗もむなしく、降伏の白旗が掲げられた。

明治に入り、政府の方針により天守などは取り壊されたが、昭和40年（1965）に再建。同時に走長屋《はしりながや》も甦った。ちなみに城内にあった建物のうち、御三階櫓《やぐら》は市内の阿弥陀《あみだ》寺に移築されている。

平成13年（2001）には南走長屋と干《ほし》飯《い》櫓も再建された。天守から走長屋、南走長屋、干飯櫓と連なる建物群の眺めは素晴しい。天守内は博物館になっており、地下の塩櫓の再現などが展示されている。最上階からは、城下や会津磐梯山《あいづばんだいさん》、白虎隊最期の地である飯盛山《いいもりやま》を一望できる。

春は桜、夏は新緑、秋は紅葉、冬は雪景色と、四季折々の風景が楽しめる。天守のみならず、広大な堀や櫓跡も美しい。

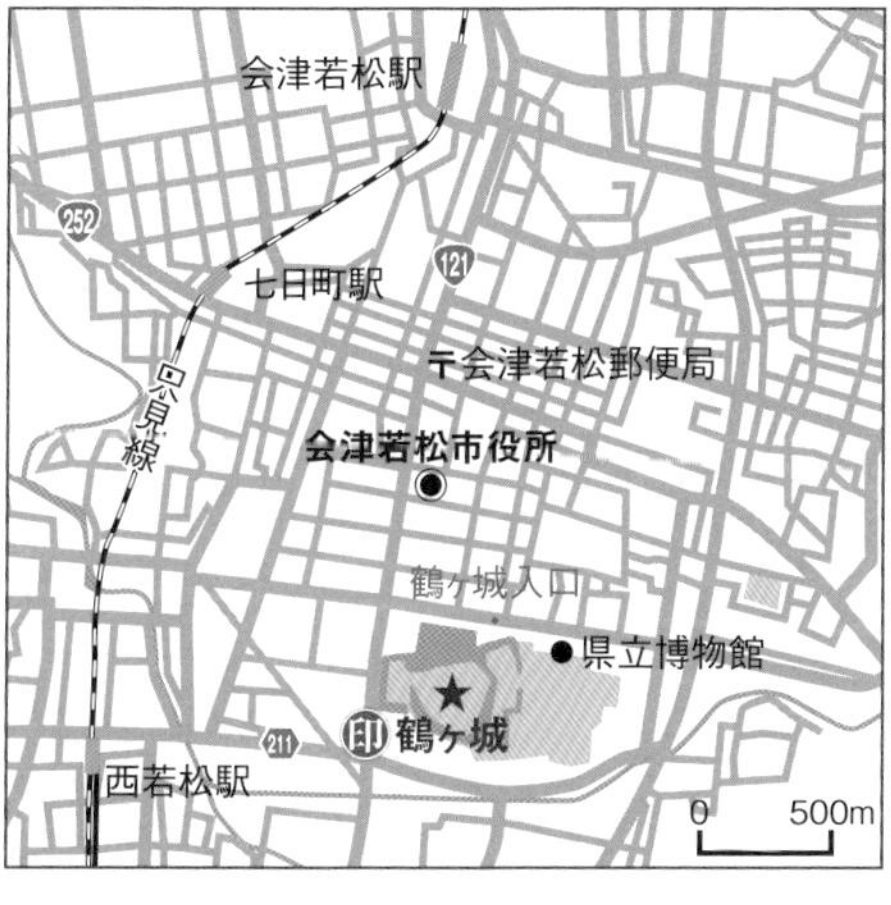

城郭DATA

築城年	至徳（元中）元年（1384）、文禄2年（1593）、寛永16年（1639）
別名	会津若松城
所在地	福島県会津若松市追手町1-1・鶴ヶ城公園
営業時間	8:30～17:00（入場締切16:30）
アクセス	JR磐越西線「会津若松」駅からバス（鶴ヶ城まわり）で「鶴ヶ城北口」下車すぐ
定休日	—
駐車場	あり（有料）
入場料	520円（茶室との共通入場券）

ゆざわ御城印プロジェクト

秋田県湯沢市小野で飲食店を営む藤森広大氏が制作・販売した、湯沢城をはじめとした御城印のプロジェクト。湯沢市内の飲食店などで購入でき、御城印の売り上げの一部は各地域づくり団体へ寄付される。

湯沢城《ゆざわじょう》

鎌倉時代後期、小野寺氏によって稲庭城の支城として築かれ本拠となる。慶長元年(1596)、楯岡満茂が城主となり、関ヶ原の合戦の2年後、慶長7年(1602)、佐竹義宣の秋田転封にともない、佐竹南家の三代義種が城代として入り城を整備。元和6年(1620)、一国一城令によって破却された。

湯沢城後期デザイン、現在は、こちらと「湯沢城址」の2種類が販売されている。朱印は小野寺氏「一文字に六葉木瓜」と佐竹氏「扇に月」の家紋。

城郭DATA

築城年	建治3年(1277)
別名	不明
所在地	秋田県湯沢市古館山
アクセス	JR奥羽本線湯沢駅から徒歩約8分
定休日	ー
駐車場	あり(中央公園)
入場料	なし

令和元年の御城印。城址に咲くカタクリの花があしらわれている。

湯沢七夕絵どうろうまつり限定版。絵どうろう絵師とコラボし、美人画は絵師が描いたもの。

御城印DATA

販売場所

湯沢城:
にごう商店
(湯沢市佐竹町3-29)
椛山城・役内城・小野城:
やきとり居酒屋もみじ
(湯沢市小野字西堺171-1
販売時間15～22時)
曽我屋
(湯沢市横堀字小田中97-1
販売時間9～16時)

販売料金

各300円(税込)

〈郵送などのお問い合わせ〉

TEL:09014986253(藤森)
メール:mkkrf1220
@docomo.ne.jp(藤森)

糀山城《かばやまじょう》

「糀」は寺社でよく見る「猪目」をデザイン。「山」は熊の爪あとをイメージしている。朱印は菅氏の家紋「梅鉢」。

城主は菅氏と伝えられるが、詳細は不明。文禄2年（1593）に最上氏による雄勝郡侵攻により落城したといわれる。現在は公園として整備されている。

糀山城の裏山にあたる殿崖山には秋田県出身の漫画家・高橋よしひろ氏の代表作「銀牙〜流れ星銀〜」の秋田犬とツキノワグマの戦いを描いた話と似ている悲劇の物語がある。その物語をモチーフとした御城印。秋田犬と熊が描かれた2枚の御城印を合わせると一枚の絵物語となる作り。

城郭DATA

築城年	不明（文禄2年・1593年落城）
別名	樺山城
所在地	秋田県湯沢市秋ノ宮字九十九沢
アクセス	JR奥羽本線横堀駅から車で約10分
定休日	ー
駐車場	なし
入場料	なし

役内城《やくないじょう》

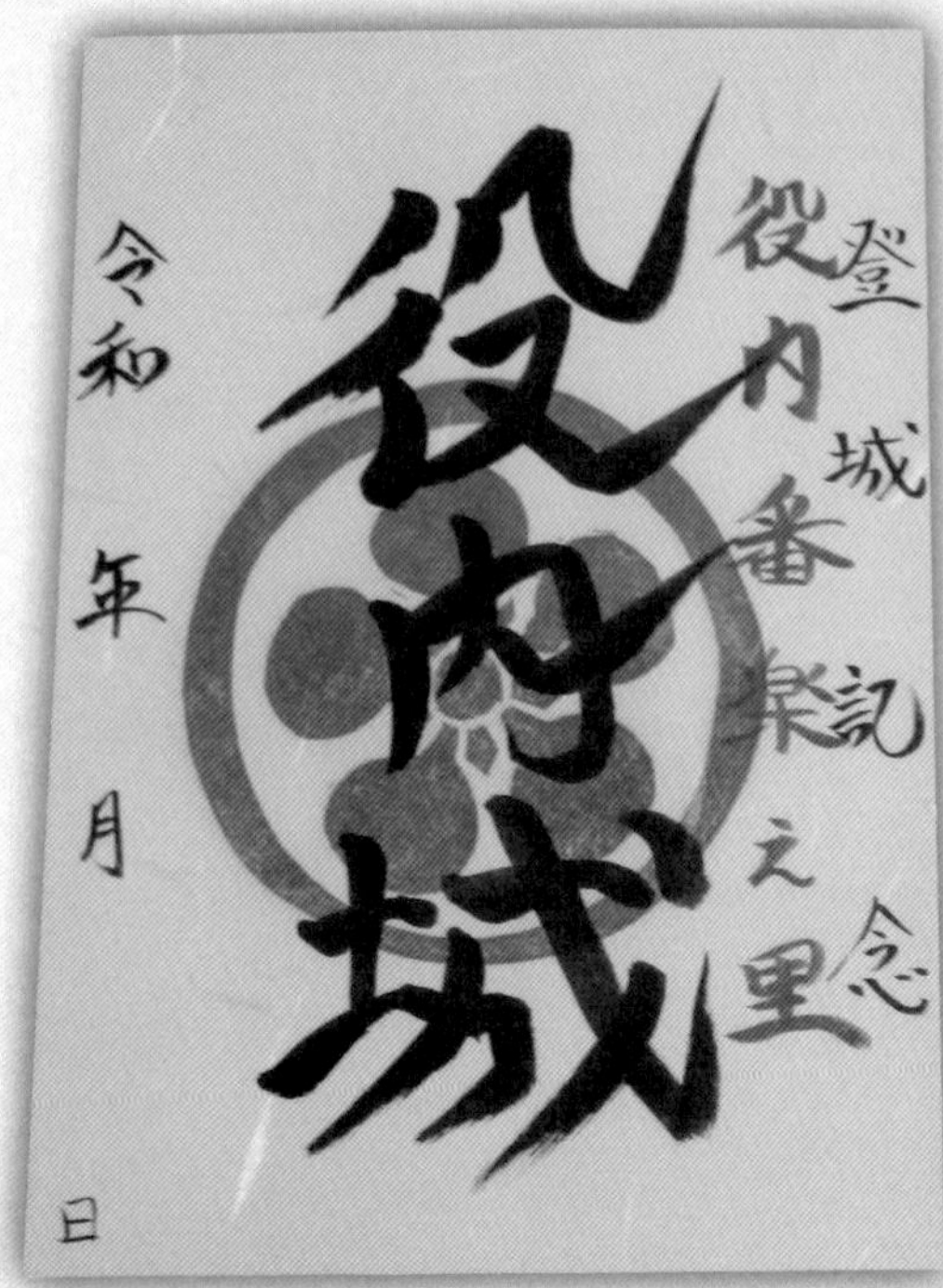

「役内城」の書体は日本酒のラベルをイメージして書かれている。「番楽之里」は現在も受け継がれている「役内番楽」の里のアピールのために記載。湯沢市指定「無形民俗文化財」で毎年9/1の祭典。朱印は番楽を伝えたとされる菅半十郎の家紋。

役内城は正式には八口内城と言い、八口内氏によって築かれたといわれる。暦応2年（1339）には小野寺氏に攻められ落城したといわれる。天正14年（1586）に、小野寺義道と最上義光が8日間にわたり激しく戦った有屋峠の合戦で知られる。

役内番楽の獅子舞をイメージしたバージョン。赤Ver、黒Verがある。涼しげな青もみじもあしらわれている。

正式名の八口内城バージョン。日本酒のラベルのようなかっこ良さを求めた書体を採用。朱印は八口内氏の家紋。

城郭DATA

築城年	不明(暦応2年・1339年落城)
別名	八口内城
所在地	秋田県湯沢市秋ノ宮字役内
アクセス	JR奥羽本線横堀駅から車で約20分
定休日	ー
駐車場	なし
入場料	なし

小野城《おのじょう》

小野の文字は山城のような「小」と山菜をイメージした「野」となっている。朱印は姉崎六郎氏の家紋。湯沢市は小野小町生誕、終焉の地としての伝説が残っている。

鎌倉時代に小野寺氏が重臣である姉崎四郎左衛門によって築城させたと伝えられる。城の屋根が鶴が舞っているような形であったため、別名舞鶴城と呼ばれていたという。文禄2年(1593)に、最上氏が攻め入り落城したといわれる。

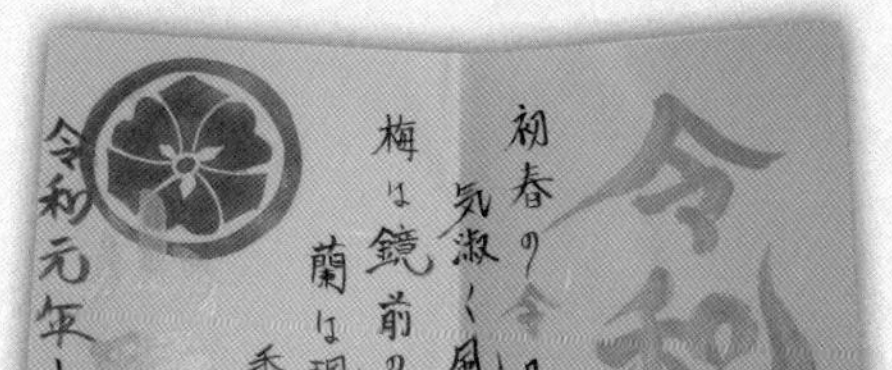

令和元年最後の月ということで、令和のもととなった万葉集の和歌を書いた特別御城印。「令」と「和」は、金文字で書かれている。
※小野城の見開き季節の御城印は毎月異なる。

天皇陛下御即位記念として特別に作製された。御即位と同時期に開催された海づくり大会の記念でもあるため、秋田県の県魚「ハタハタ」が描かれている。(令和元年12月末まで販売された)

別名の舞鶴城バージョン。「鶴」の字を、鶴のような形に書き躍動感を出している。

城郭DATA

築城年	建長文永年間(1249～1275)
別名	舞鶴城
住所	秋田県湯沢市小野字泉沢
アクセス	JR奥羽本線横堀駅から車で約10分
定休日	ー
駐車場	あり
入場料	なし

東京都千代田区

日本100名城／重要文化財

江戸城天守再建のために発行されている

江戸城《えどじょう》

御城印

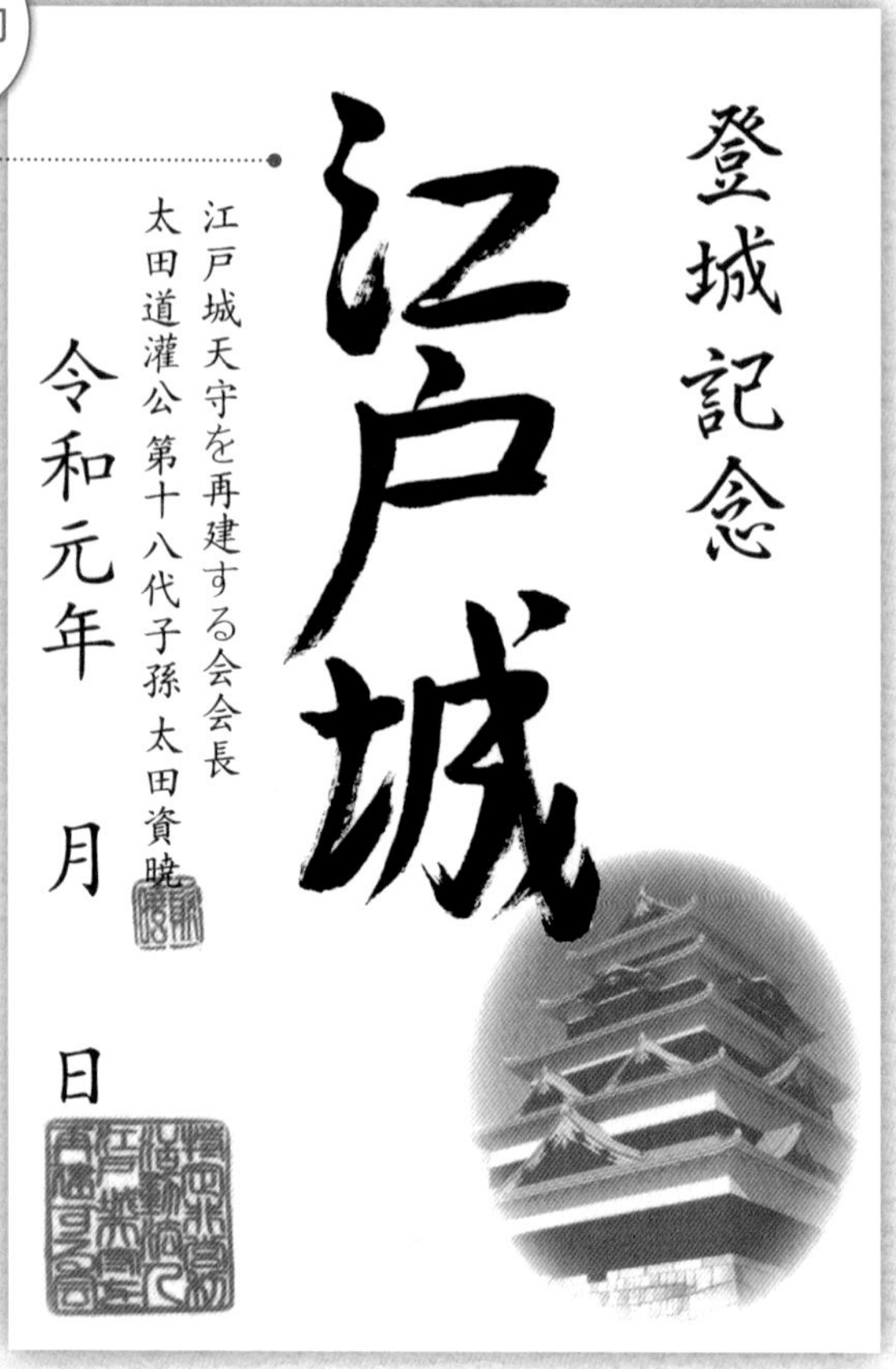

❶「江戸城」の書は、太田道灌18代子孫当会太田資暁会長の揮毫によるもの。

❷発行している「NPO法人 江戸城天守を再建する会」では御城印を江戸城天守再建の世論喚起の手段と考えているため、主催のイベントや講演会でのみ販売される（販売日はホームページ参照）。

御城印DATA

販売場所	イベント、講演会でのみ販売
販売料金	500円（税込）

天下普請による権力の具現

江戸城は長禄《ちょうろく》元年（1457）頃、扇谷上杉氏の家臣・大田《おおた》道灌《どうかん》（資長《すけなが》）によって築かれた。その後、天下統一した豊臣秀吉《とよとみひでよし》が徳川家康《とくがわいえやす》に江戸への国替えを命じた。家康が入城したのは、天正《てんしょう》18年（1590）のことであった。当初は湿地帯だった江戸に本丸と西の丸を置いただけの粗末な城だったが、家康がすぐに行ったのは城下町の整備。新領国と関東の統治に力を入れ、地盤を固めたのである。

関ヶ原の合戦後の慶長《けいちょう》8年（1603）にいよいよ江戸城の拡張がはじまる。家康は政治戦略の一つでもある「天下普請《てんかぶしん》」で全国の諸大名を動員した。軍役と同じで断れば改易《かいえき》となり、石高《こくだか》に応じて工事に必要な資金と人員も課せられるので、大名にとっては数年に一度の莫大な財政支出だった。それによって反抗する勢力の経済力や機動力を奪いつつ協力させ、忠誠心を示させたのである。秀吉のもとで手腕を発揮した築城名手たちも集結し、全国屈指の技術と人員を結集した、徳川幕府の権力の具現化でもあった。

大老井伊直弼が暗殺された桜田門外の変で有名な桜田門は、外側の高麗門と内側の渡櫓門の二重構造で、防御性が高い外枡形。一般的に「桜田門」といえばこの外桜田門のことで、内桜田門(桔梗門)は別にある。

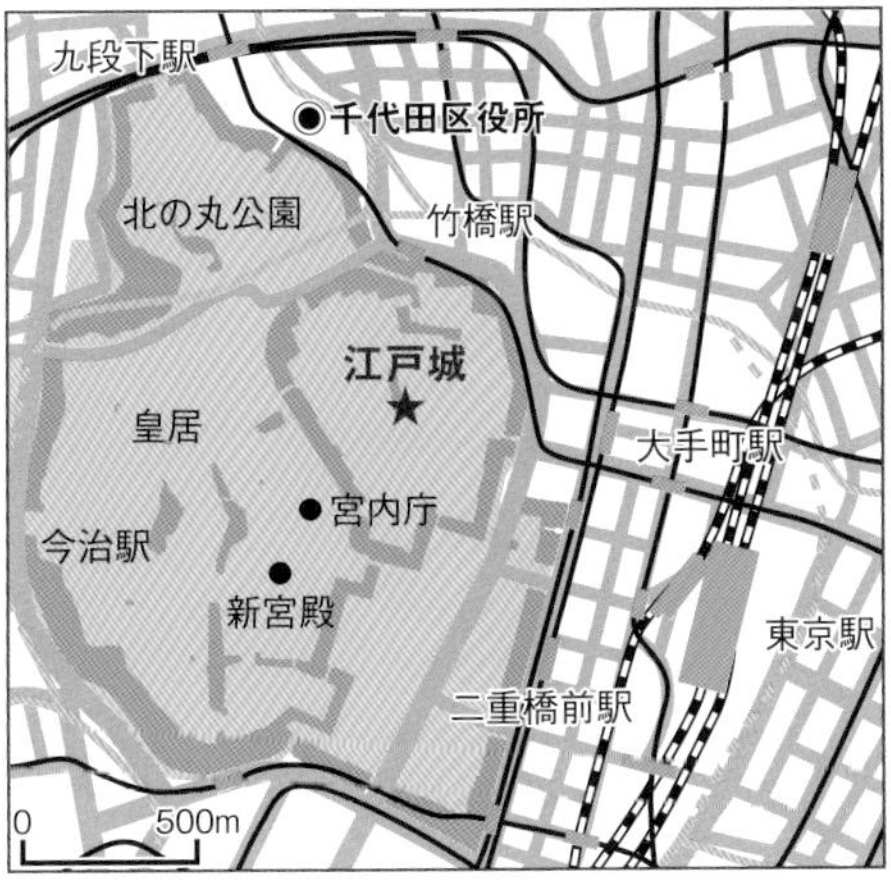

城郭DATA

築城年	長禄元年(1457)、慶長11年(1606)、元和8年(1622)、寛永14年(1637)
別名	千代田城
所在地	東京都千代田区千代田
営業時間	【皇居東御苑】3月1日～4月14日・9月1日～9月30日は9:00～17:00(入園は16:30まで)、4月15日～8月31日は9:00～18:00(入園は17:30まで)、10月1日～10月31日は9:00～16:30(入園は16:00まで)11月1日～2月末日は9:00～16:00(入園は15:30まで)
アクセス	JR「東京駅」から徒歩約10分で皇居東御苑
定休日	【皇居東御苑】月曜(祝日の場合は翌日)・金曜(祝日の場合は開園)、12月28日～1月3日
駐車場	
入場料	無料

徳川265年を支えた巨大城郭

日比谷入江を埋め立てて城地を拡大する大規模な土木工事は家光《いえみつ》までの3代にわたり、寛永《かんえい》13年(1636)に完成。縄張《なわばり》は藤堂高虎《とうどうたかとら》が担当した。飯田橋から赤坂・溜池方面を結ぶ外堀《そとぼり》と家光による新天守が竣工し、江戸城は一応の完成を見る。

しかし明暦《めいれき》3年(1657)、4代家綱《いえつな》の時代に発生した大火災で天守を含め城内の広範囲が焼失。以後、経済的理由から再建されることはなかった。

現在は皇居《こうきょ》となっており、旧本丸、二の丸、三の丸の一部が皇居東御苑《ひがしぎょえん》として一般公開されている。かつては20以上あったとされる二重櫓《やぐら》・三重櫓だが、伏見櫓《ふしみ》、巽櫓《たつみ》、富士見櫓《ふじみ》の3つが現存。桜田門《さくらだもん》や平川門《ひらかわもん》なども、往時の姿を留めている。天守台や同心番所なども見どころで、石垣《いしがき》、堀などに天下一の城を実感できるだろう。

桁違いの規模が象徴した繁栄

徳川将軍15代3百年の根拠で、日本最大の城。外堀で囲まれた外郭(周囲16km)と本城部分である内郭(同8km)から成る。

大手門は登城の際の正門で、現在の大手門は明暦の大火後の万治2年（1659）に再建されたもの。

バリエーション

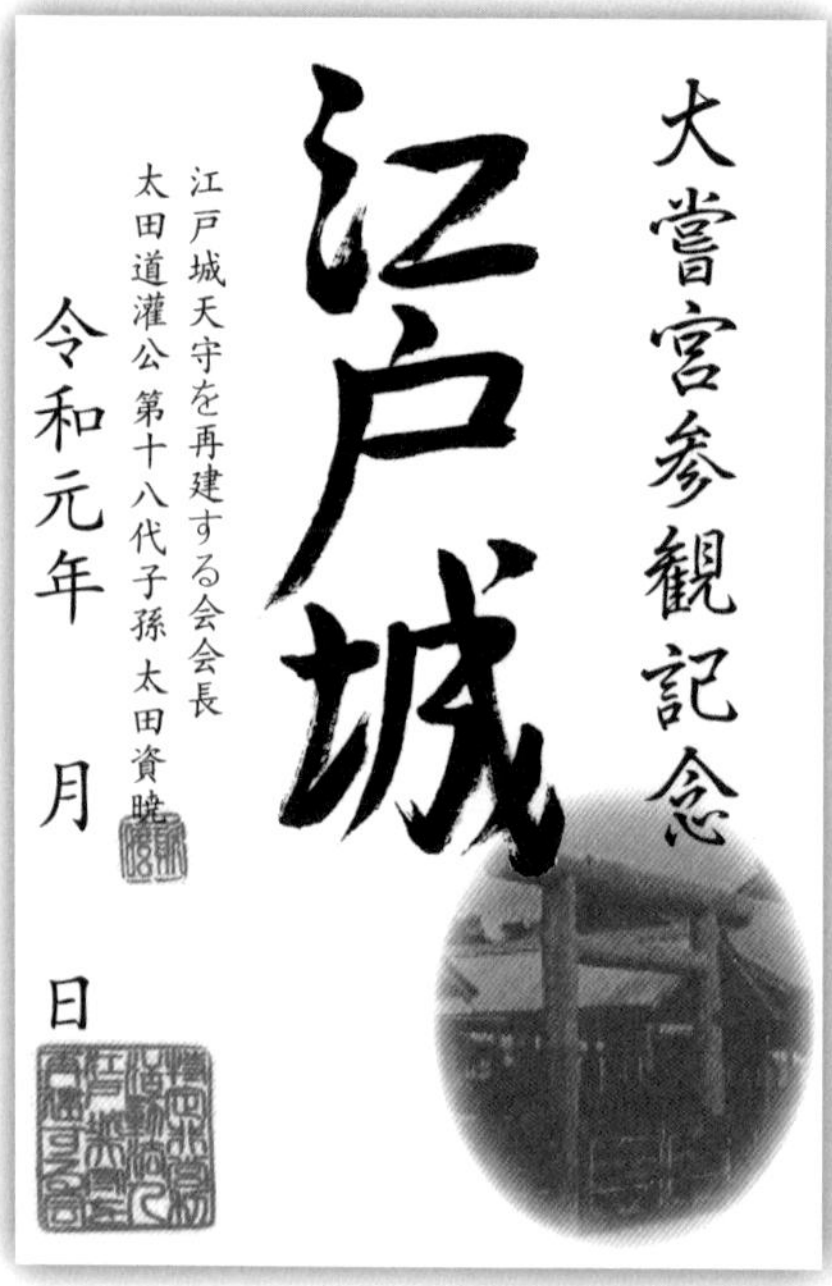

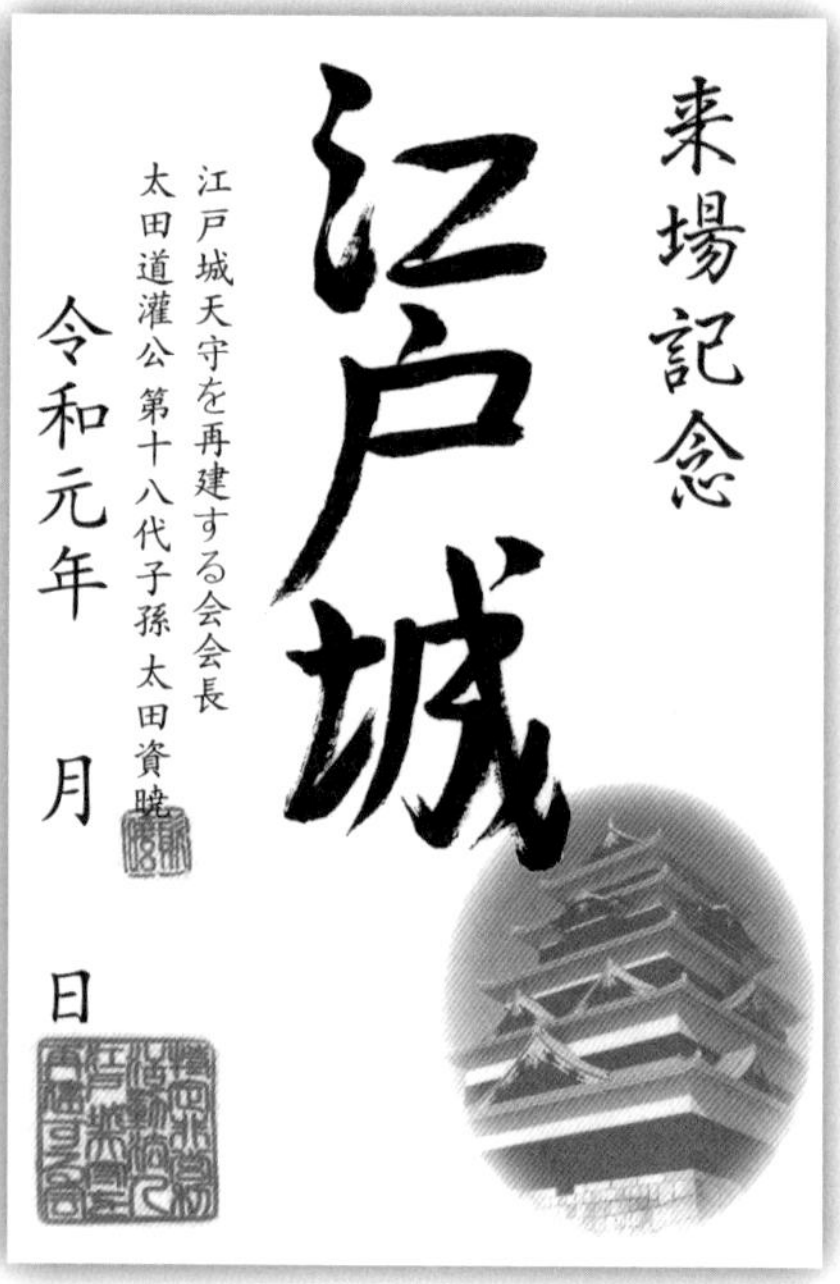

「来場記念」と「大嘗宮参観記念」

「来場記念」は江戸城サロンなど当会主催のイベントの際に発行されている（令和2年（2020）からは登城記念1種類のみの販売）。また、天皇陛下の即位に伴う「大嘗祭」の中心的な儀式「大嘗宮の儀」が行われ、その舞台となった大嘗宮参観ツアーが実施された際にも記念の御城印が発行された。

二重橋とは本来、写真中央の橋の奥にある正面鉄橋のことで、その由来は二重構造だったこと。橋の奥にある建物は現存する伏見櫓。

内郭は本丸、二の丸、三の丸、西の丸、北の丸からなり、１２３の城門、30の城橋を構えていた。その面積は２３０万㎡に及ぶ史上最大の大城郭。往時は現在の千代田区全域と中央・港区の大半、新宿区の一部を占めるという桁外れの広さだった。

天守は家康、秀忠《ひでただ》、家光がそれぞれ築いており、家康が築いた天守は、一階の床面積は大坂城の2倍以上、天守台を含み高さ約55mの望楼型五重五階。白漆喰の壁と、銀色の鉛瓦が使われた屋根は、雪化粧をした富士山のような佇まいだったそう。高さ14mの天守台に45mの層塔型五重天守を建てたのは家光。20階ビルに相当する木造建築の限界の高さで史上最大規模。徳川幕府の栄華を象徴していた。

本丸御殿は政務機関の表、将軍官邸の中奥、将軍妻・側室らが暮らす男子禁制の大奥から成っていた。

皇居外苑は、昭和24年に旧皇室苑地の一部が開放されて、国民公園となったもの。

御城印

神奈川県小田原市

日本100名城／国指定史跡

小田原城《おだわらじょう》

藩主からも崇敬された摩利支天の梵字

❶後期大久保氏の家紋「上り藤に大」。

❷中央は摩利支天を表す梵字「マ」。摩利支天像は後期大久保氏から崇敬され、小田原城最上階に安置されている。江戸時代から小田原の人々を守った「摩利支天」にあやかって、江戸時代の小田原城のことを知ってもらいたいという思いから、「摩利支天」の文字と共に配置。揮毫は地元の書道家に依頼したもの。

❸「江戸バージョン」の御城印。江戸・戦国バージョンの2つ以外にも限定バージョンを販売している。

御城印DATA

販売場所	天守閣内入場券販売所（1F）
販売料金	300円（税込）

5代約100年にわたる北条氏の居城

小田原城の前身は、15世紀中頃に造られたと考えられる、室町時代に西相模《にしさがみ》一帯を支配していた大森《おおもり》氏が築いた山城《やまじろ》であった。15世紀末、伊勢宗瑞《いせそうずい》（北条早雲《ほうじょうそううん》）が小田原に進出。以降、北条氏が5代約100年にわたって関東での勢力を拡大した。豊臣秀吉《とよとみひでよし》の来攻に備えて、周囲9㎞にお

バリエーション

戦国バージョン

上の江戸バージョンの他に、北条氏の家紋「三つ鱗」が中央に配されている戦国バージョンもある。

天守は江戸時代の資料を元に、昭和35年(1960)5月に廃城以来90年ぶりに復興された。

よぶ総構《そうがまえ》を完成させ、城の規模は最大となり、日本最大の中世城郭《じょうかく》となった。

しかし、天正《てんしょう》18年（1590）、豊臣秀吉の小田原攻めにより北条氏は滅亡。その後、徳川家康《とくがわいえやす》に従って小田原攻めに参戦した大久保《おおくぼ》氏が城主となると、北条氏時代の姿を継承しつつ改修された。大久保氏の改易《かいえき》にあたり、一時、城は破却されてしまう。その後、稲葉《いなば》氏が入城すると、寛永《かんえい》10年（1633）の地震により、城と城下が壊滅的な被害を受けたため、大規模に改修され、現在見られるような近世城郭としてその姿も一新された。

貞享《じょうきょう》3年（1686）に、再び大久保氏が城主となり、小田原城は東海道で箱根の関所を控えた関東地方の防御の要として幕末に至った。明治3年（1870）に廃城となり、明治5年までに城内の多くの建物は解体・売却された。残っていた石垣も大正12年（1923）の関東大震災によって崩れてしまった。現在、小田原城の本丸・二の丸一帯に相当する城址公園は国指定史跡・都市公園に指定されており、往時の姿を取り戻すよう整備が進められている。

城内には天守の他に有料施設として、刀剣や甲冑の展示や甲冑の着付け体験ができる「常盤木門SAMURAI館」と、小田原北条氏に仕えた忍者「風魔」にスポットを当てた体感型の展示施設「小田原城NINJA館（歴史見聞館）」もあり、子どもから外国人まで幅広く楽しむことができる。

表は歴代城主の家紋、裏は北条氏が所領統治に用いた虎朱印の印判をあしらった御城印帳。御城印が最大42枚収められるポケットタイプで、蛇腹式の製本（税込2,000円）

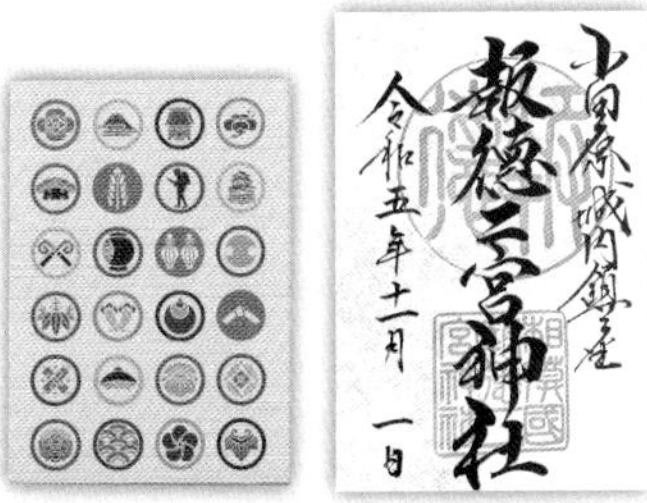

小田原城址公園に隣接する二宮尊徳翁を祀る報徳二宮神社の御朱印。御朱印帳も赤・青の2種類あり。頒布は社務所で行われている。

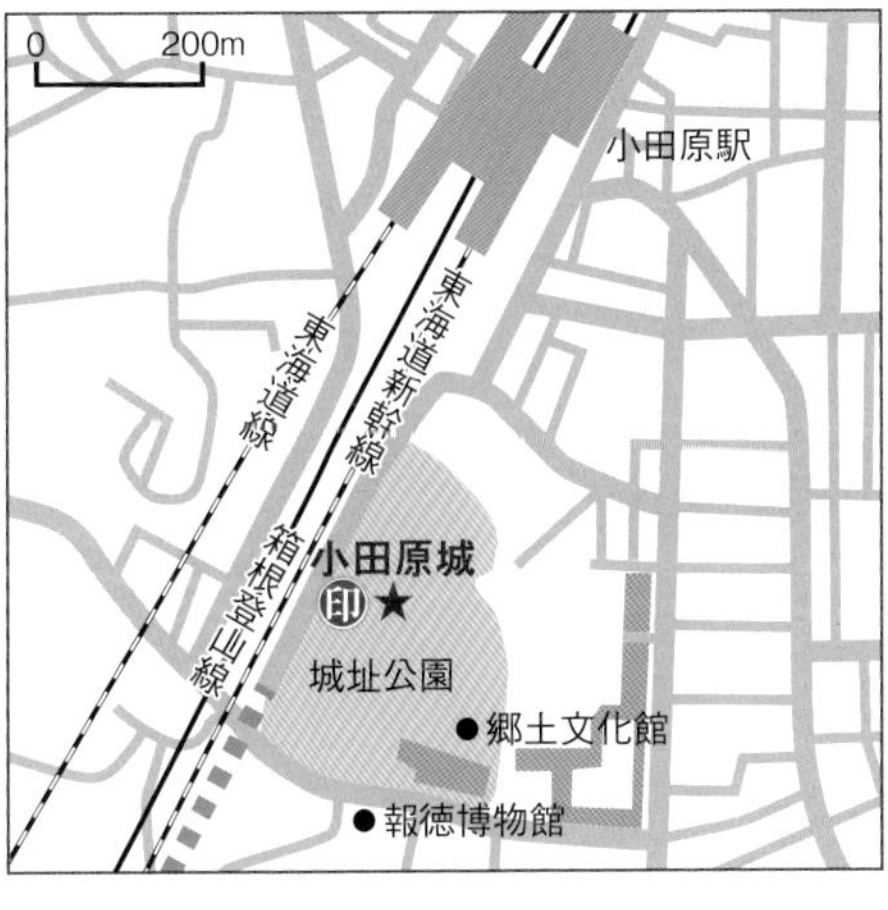

城郭DATA

築城年	不明（15世紀中頃）
別名	―
所在地	神奈川県小田原市城内
営業時間	9:00～17:00（入館は16:30まで）
アクセス	JR・小田急小田原駅から徒歩約10分
定休日	12月第2水曜日 ※館内整理のため、12月31日～1月1日
駐車場	あり（有料）
入場料	510円（天守閣・一般）

御城印

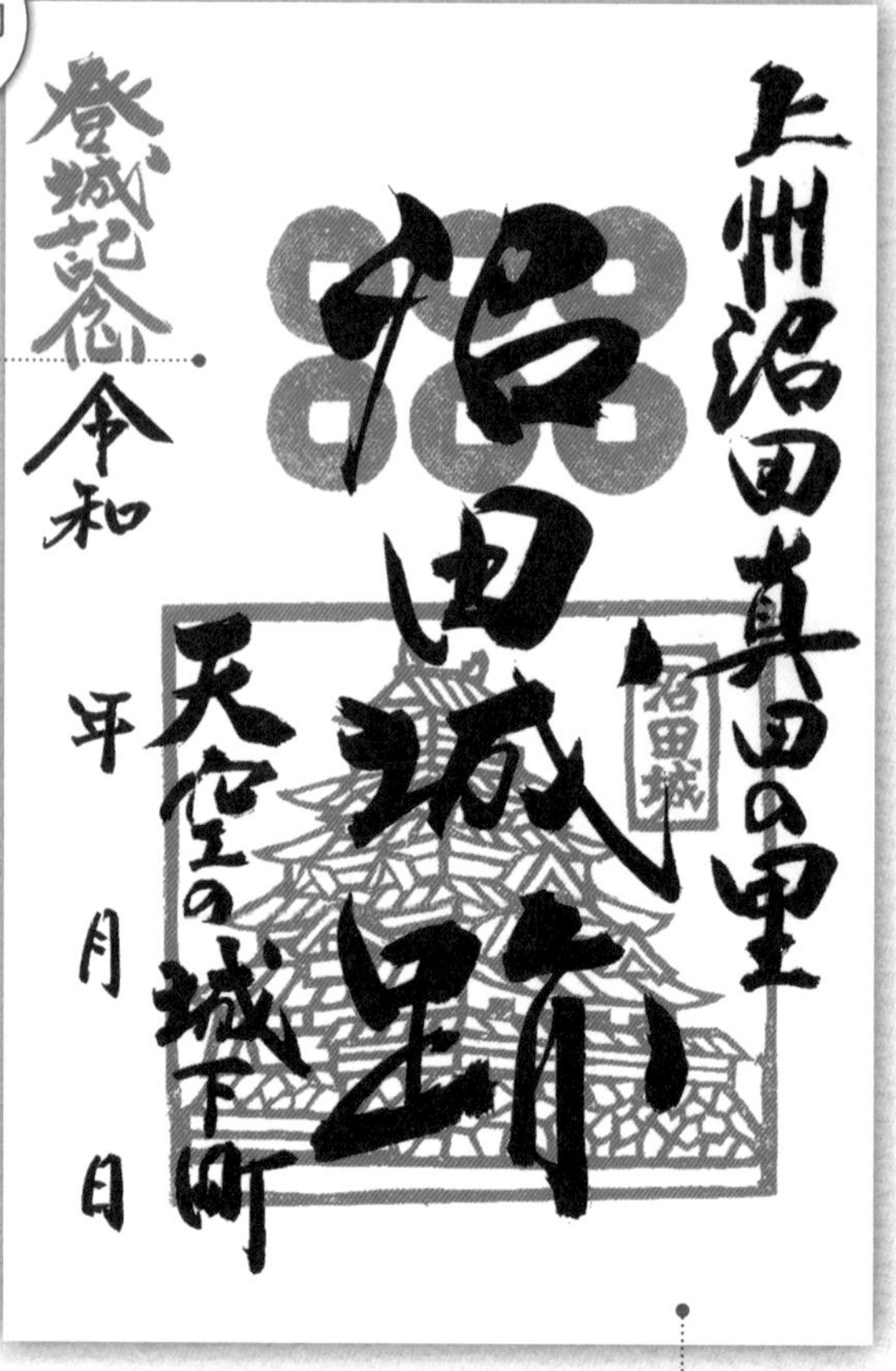

❶真田家の家紋「六文銭」（ろくもんせん）の朱印が押されている。

❷沼田城を描いたオリジナル印を1枚ずつ押してくれる。「天空の城下町」バージョン。

群馬県沼田市

続日本100名城／重要文化財

沼田城《ぬまたじょう》

六文銭とオリジナル印が押されている

御城印DATA

販売場所	沼田市観光案内所（沼田市西倉内町2889-3）9時～17時（12月～2月は16時）／年末年始休
販売料金	300円（税込）

争奪戦の末に治めたのは真田氏

天文《てんぶん》元年（1532）、沼田《ぬまた》万鬼《ばんき》斎《さい》顕泰《あきやす》が3年の年月をかけ築城した沼田城は、関東を支配するための重要拠点の一つとされていた。戦国時代には上杉《うえすぎ》、武田《たけだ》、北条《ほうじょう》・徳川《とくがわ》氏により激しい争奪戦が繰り返された。後に入城した真田昌幸《さなだまさゆき》が城郭を整備した。天正《てんしょう》18年（1590）には昌幸の嫡子信幸《のぶゆき》（のち信之）が城主となり、その後5代91年間にわたって真田氏の居城となった。7年後には五層の天守が建造されている。

真田氏は江戸時代以降も沼田城を維持したが、天和《てんな》元年（1681）、5代城主信《のぶ》利《とし》の時代に江戸幕府が領地を没収し、幕府の命によって翌年には完全に破却された。元禄《げんろく》16年（1703）以降は譜代大名が交代で入封《にゅうほう》している。

桜の名所に佇む石垣と鐘楼

谷川岳連峰《たにがわだけれんぽう》や武尊山《ほたかやま》、三峰山《みつみねさん》などの雄大な山々に囲まれ、小高い丘に築城された平《ひら》山城《やまじろ》。

城の西側の古城と呼ばれる部分は、沼田氏時代の城の中枢部。本丸などを整備した

御殿桜と呼ばれているヒガンザクラは樹齢400年以上。西櫓台の石垣に大きく枝を張っている。

城郭DATA

築城年	天文元年（1532）
別名	蔵内城、倉内城、霞城
所在地	群馬県沼田市西倉内町2889-3 沼田城址公園（沼田公園）
営業時間	ー
アクセス	JR沼田駅から徒歩20分
定休日	ー
駐車場	あり（無料）
入場料	無料

のは真田氏時代で、最盛期には本丸に五層天守と三重櫓があった。

現存しているのは、本丸西側にある西櫓台の豪壮な石垣と、沼田藩主で2代目真田信吉《のぶよし》が鋳造させた城鐘である（鐘楼にかかっている鐘は複製、実物は沼田市歴史資料館に展示されている）。寛永《かんえい》11年（1634）に造られたもので、三の丸の楼に掛けて時報に用いていた。

これらの遺構は、200本以上の桜が咲き誇る桜の名所、沼田公園として整備されている。中には樹齢400年といわれている御殿桜《ごてんざくら》や、国の重要文化財で東日本における古き町屋造りの「旧生方家住宅《きゅううぶかたけじゅうたく》」がある。かつては「旧土岐家住宅洋館」もあったが、沼田市上之町に移築されている。また、周辺には生方記念文庫や旧沼田貯蓄銀行（県指定重文）がある。

城下町には真田氏ゆかりの史跡

沼田市は日本随一の河岸段丘上に築かれ、天空の城下町と呼ばれた。市内には今でも、真田時代の痕跡が多く残っている。

沼田城址の南にある正覚寺《しょうかくじ》には、真田氏初代藩主信幸の正室、大蓮院殿《だいれんいんでん》（小松姫《こまつひめ》）

バリエーション

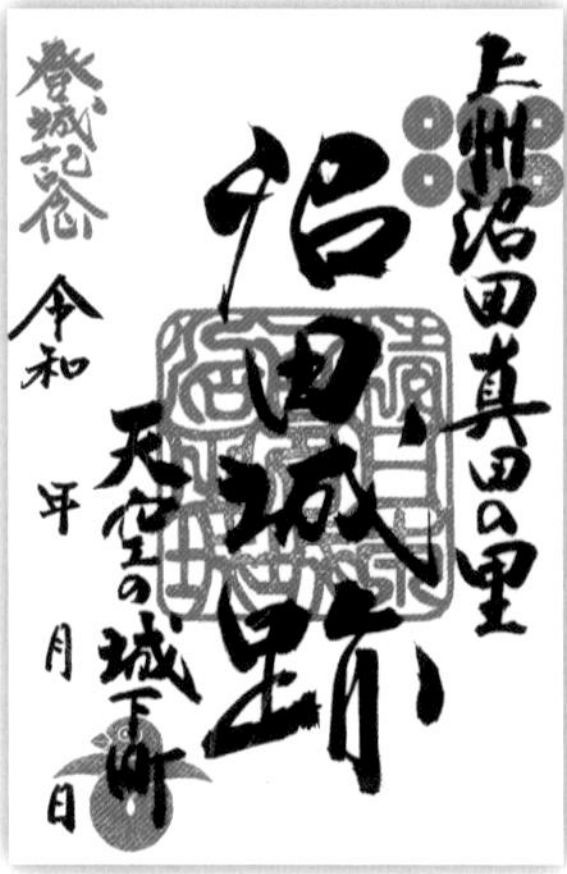

中央に城名の朱印、左下に真田家の家紋「結び雁金（むすびかりがね）」の朱印が配されているバージョン。

通常版で、中央の沼田城が黒いイラストで描かれているバージョン。

月替りの御城印。左下に月ごとの和風月名が書かれ、季節ごとに和紙の色が変わる。

紅葉をイメージしたデザインの月限定の御城印。

十三夜をイメージしたデザインの月限定の御城印。

沼田公園内をめぐる「真田家からの挑戦状」クイズラリーの景品。全問正解者にプレゼントされる。

沼田城主代々の守護神である、戸鹿野八幡宮。天正8年(1580)、真田昌幸が出陣の際に祈願して以来、武神として代々崇められてきた。信州伊那郡上戸村の石工による亀甲積みの石垣や大鳥居など、境内には多くの石造物がある。

の墓と、大蓮院が正覚寺へ寄進したと伝えられる絹本著色地蔵十王図《けんぽんちゃくしょくじぞうじゅうおうず》が残されている。

城址から東の天桂寺《てんけいじ》には真田氏2代藩主信吉の墓が。その側室、慶寿院殿の墓は、自ら開基となり寺名を改めた妙光寺《みょうこうじ》に、真田氏5代藩主信利《のぶとし》の墓は弥勒寺《みろくじ》にあるとされる。

歓楽院《かんらくいん》にある千手観世音菩薩坐像《せんじゅかんぜおんぼさつざぞう》は、信利が常楽院法盛寺《じょうらくいんほうせいじ》にあったものを幕岩城跡《まくいわじょう》に移し、本尊としたため真田観音と呼ばれるようになった。同じく信利は三光院《さんこういん》に観音堂を建てて石灯籠2基を献納している。これは、十一面観音像の寄進を断られたことで、十一面観音像の祭日を妨害し、同年、疫病の流行と自らの病に苦しんだためである。夫人も木彫の白馬2体を奉納した。

また、城址の南東には、沼田城主沼田万鬼斎顕泰が享禄3年(1530)に祀った城の守護神、戸鹿野八幡宮《とがのはちまんぐう》がある。

「真田観音」と呼ばれている千手観世音菩薩坐像。寛文3年(1663)、真田氏5代藩主真田信利が、沼田城の鬼門除けとして月夜野の常楽院法盛寺を幕岩城跡に移し、本尊としたことからこの名で呼ばれる。

御城印

❶真田氏の家紋である「六文銭」が押されている。

❷秀吉の小田原攻めのきっかけとなった「名胡桃城事件」にちなみ、「歴史を変えた」の文言が入れられている。

❸和紙は「たくみの里 和紙の家」で作成。印刷会社などではなく技術のある職人が本物の楮（こうぞ）和紙を使用して作っている。

群馬県利根郡みなかみ町

続日本100名城／県指定史跡

名胡桃城《なぐるみじょう》

地元で作られる「楮《こうぞ》和紙」を使用

御城印DATA

販売場所	名胡桃城址案内所
販売料金	300円（税込）

天下統一のきっかけとなった城

利根《とね》・沼田《ぬまた》地方は、戦国時代の天文《てんぶん》年間（1532〜1555）、小田原《おだわら》の北条《ほうじょう》氏が沼田氏を追放して一帯を支配。その後は上杉謙信《うえすぎけんしん》が越後《えちご》から関東へ進出。名胡桃城や沼田《ぬまた》城を攻略して、北条氏と対戦。10年あまりは謙信の支配下にあったが、謙信の死後の天正《てんしょう》7年（1579）頃、上杉氏と同盟を結んだ武田勝頼《たけだかつより》の命を受け、真田昌《さなだまさ》幸《ゆき》が名胡桃城を築城した。ここを足がかりに、翌年には真田氏が沼田城を占拠。やがて織田信長《おだのぶなが》の死後、豊臣秀吉《とよとみひでよし》が全国統一を進め、対抗する北条氏に上洛を促すが、この条件として、真田領の利根・吾妻《あづま》を北条領として要求。真田昌幸は「沼田城は渡しても、名胡桃城は渡せない」と答えた。

天正17年（1589）、秀吉の裁定の結果、沼田領の3分の2が北条領、名胡桃城を含む3分の1が真田領となった。これを不服とした北条氏は、家臣で沼田城代の猪《いの》俣邦憲《またくにのり》がこの裁定を無視して名胡桃城を攻略。この「名胡桃城事件」を受け、秀吉は惣無事《そうぶじ》の論理（大名間の私闘禁止）に違反したとして激怒した。全国の諸大名に命じ

本郭跡にある徳富蘇峰筆の城址碑。

て小田原攻めを開始し、翌年小田原北条氏は滅亡。事実上天下統一を成し遂げた。

その後、沼田城は真田氏のものとなり、役割を果たした名胡桃城は廃城となった。

立地は利根川と赤谷《あかや》川の合流地点、南西の段丘上。東西に細長く築かれており、ささ郭《ぐるわ》・本郭・二郭・三郭等の主要部が直線に並ぶ連郭《れんかく》式の山城《やまじろ》である。

堀切《ほりきり》でそれぞれ分断された各郭の周囲は、急な崖や土塁《どるい》、柵《さく》、櫓《やぐら》で守られていた。二郭と般若《はんにゃ》郭の通路脇には3つの時期に建てられた堀立柱建物群が残る。各虎口《こぐち》には門が設けられ、堀切には木橋や喰違いの造りとなっている。武田氏がよく用いた築城術の丸馬出《まるうまだし》が時期違いで二ヶ所で確認され、三郭は後に増築されている。

名胡桃城址は平成27年に整備されている。

城郭DATA

所在地	群馬県利根郡みなかみ町下津3462-2
営業時間	9:00～16:00
アクセス	JR後閑駅から徒歩約50分
定休日	ー
駐車場	あり（無料）
入場料	無料

埼玉県行田市

続日本100名城／県指定旧跡

忍城《おしじょう》

歴代城主の家紋と御三階櫓のシルエット

御城印

❶朱印は歴代城主の家紋。上から映画「のぼうの城」で知られる忍城水攻め時の城主である成田氏「丸に三つ引両」。（大河内）松平氏「丸に三蝶の内十六菊葉」。9代185年間の城主で御三階櫓の築造をした阿部氏「丸に違い鷹の羽」。忍城最後の城主である（奥平）松平氏「丸に三つ葉葵」。

❷背景には「忍城御三階櫓」のシルエットがデザインされている。

御城印DATA

販売場所	行田市郷土博物館受付／観光物産館ぶらっと♪ぎょうだ
販売料金	200円（税込）

豊臣軍を退けた難攻不落の名城

忍城は15世紀に成田《なりた》氏によって築城されたと伝わる。北に利根川、南に荒川に挟まれた扇状地に立ち、湿地帯を利用した平城《ひらじろ》であった。上杉《うえすぎ》氏や北条《ほうじょう》氏との抗争にも落城せず、難攻不落の城として、関東七名城（太田《おおた》城、宇都宮《うつのみや》城、唐沢山《からさわやま》城、金山《かなやま》城、前橋《まえばし》城、川越《かわごえ》城、忍城）の一つに数えられる名城である。

特に有名なのが、天正《てんしょう》18年（1590）に、豊臣秀吉《とよとみひでよし》の小田原《おだわら》攻めに際して、石田三成《いしだみつなり》率いる豊臣軍が行った水攻めに耐え抜いたエピソードである。豊臣軍は10倍以上の兵力に大谷吉継《おおたによしつぐ》、長束正家《なつかまさいえ》、真田昌幸《さなだまさゆき》ら錚々《そうそう》たる武将が名を連ねた大軍であったが、立てこもる忍城の守りの堅さに阻まれてしまう。そこで、周囲の水脈の多さを利用し、川をせき止め、「石田堤」とも呼ばれる堤防を造り、水攻めを行った。

しかし、堤防は大雨などにより決壊。その後の総攻撃も耐え、小田原城が陥落した後も抵抗を続け、最後は自ら開城し、戦いは終結した。この水攻めに耐え抜いたことから「忍の浮城《うきしろ》」の別名が生まれたと伝え

バリエーション

「難攻不落」バージョン

金銀の箔を散りばめ、成田氏の家紋のほか「難攻不落」の文字が入っているバージョン（税込300円）。

現在の忍城御三階櫓は昭和63年に再建されたもの。鉄筋コンクリート造りで内部は展示室、最上階は展望室になっている。また、毎月の「行田花手水week」期間中に一夜限りで開催しているライトアップイベント「希望の光」では、花手水や忍城などを幻想的な光で演出している。

られている。その活躍は映画「のぼうの城」でも描かれている。

その後は（東条）松平《まつだいら》氏を経て江戸幕府直轄の城となり、（大河内）松平氏、阿部《あべ》氏が城主となる。文政《ぶんせい》6年（1823）に（奥平）松平氏が城主となり忍10万石を治めた。

明治維新の戦火も逃れると、廃藩置県《はいはんちけん》により、二の丸に忍県の県庁が置かれたが、明治6年には取り壊されてしまう。

現在の忍城御三階櫓《ごさんかいやぐら》は、明治6年に取り壊されたものを再建したもので、最上階からは市内の景色が一望できる。また、昭和63年（1988）に開館した郷土博物館は、かつての忍城本丸跡地にあり、『行田の歴史と文化』をテーマとした展示を行っている。博物館と合わせて広さ約2・5haの区画が忍城址公園として整備されている。

グッズ・お土産

御城印帳
忍城オリジナルの御城印帳（税込1,200円）。

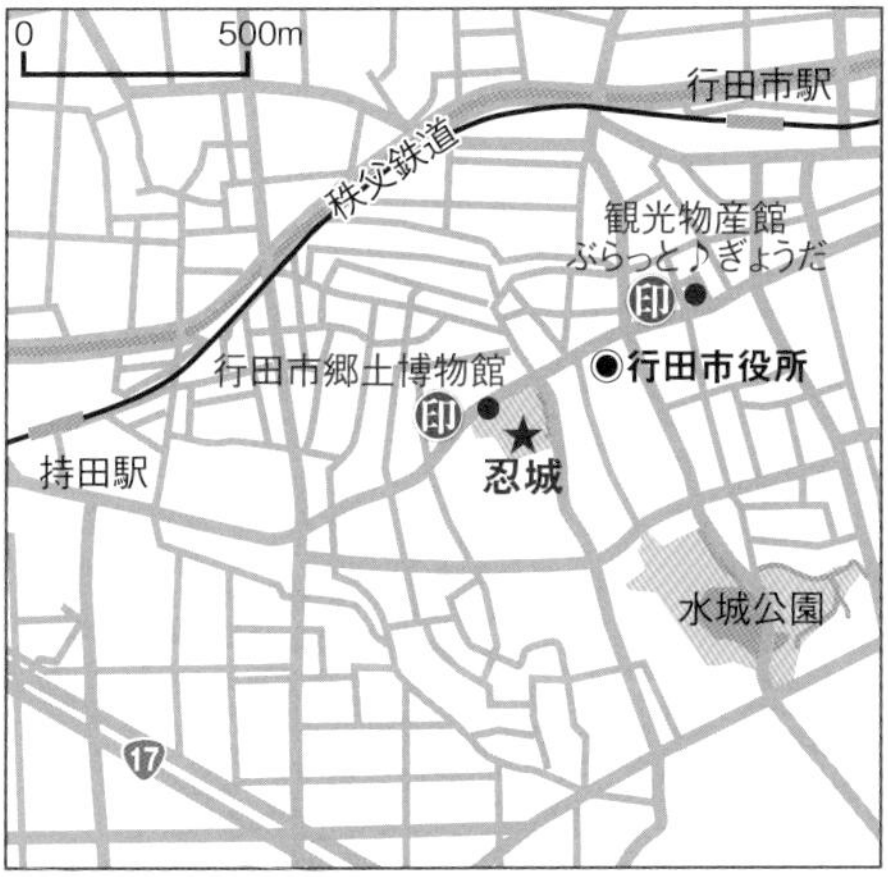

城郭DATA

築城年	15世紀後半
別名	忍の浮城
所在地	埼玉県行田市本丸17－23
営業時間	9:00～16:30（入館は16:00まで）
アクセス	秩父鉄道行田市駅から徒歩で15分。 またJR吹上駅から朝日バス（前谷経由）15分、 忍城バス停下車すぐ
休館日	月曜（祝日は開館）、祝翌日、第4金曜日、年末年始
駐車場	あり（無料）
入場料	大人200円、大学・高校生100円、 中学・小学生50円

栃木県足利市

日本100名城

足利氏館《あしかがしやかた》

鑁阿寺本尊・大日如来の朱印

御城印

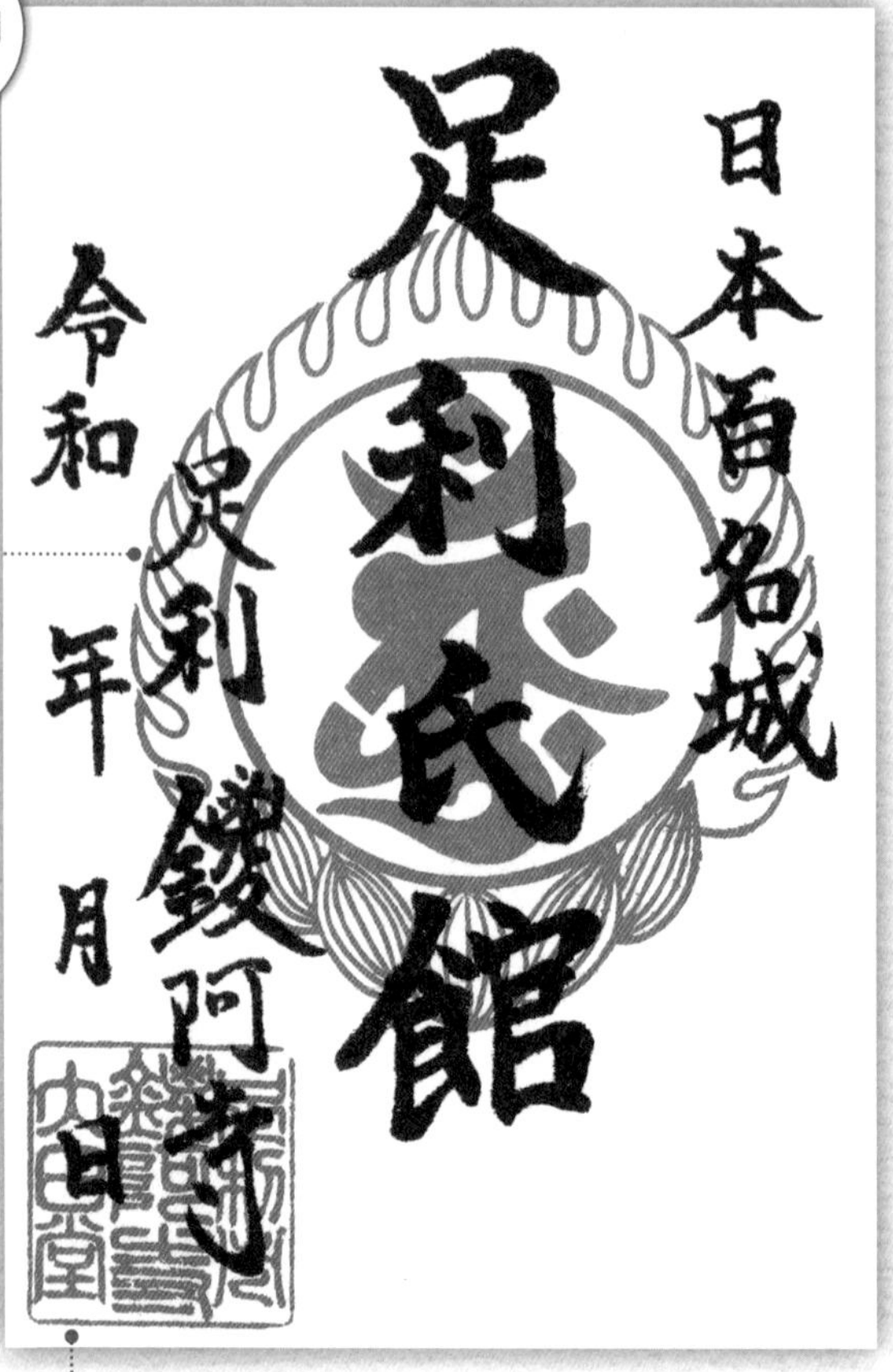

❶鑁阿寺の御朱印と同じように、本尊である大日如来の朱印が押されている。

❷左下には鑁阿寺の寺名と押印がされている。

御城印DATA

販売場所	本堂札場
販売料金	500円（税込）

小京都の古刹、足利一門の氏寺

源姓足利《あしかが》氏2代目義兼《よしかね》が鎌倉時代、建久《けんきゅう》7年（1196）邸内に持仏堂《じぶつどう》を建立し、守り本尊として大日如来を祀ったのが始まりとされている。その後、3代目義氏《よしうじ》が堂《どう》塔伽藍《とうがらん》を建立し、足利一門の氏寺《うじでら》とした。

義氏が天福《てんぷく》2年（1234）に建立した方五間の本堂は、弘安《こうあん》10年（1287）に落雷により焼失したが、尊氏《たかうじ》の父、足利貞《さだ》氏《うじ》が正安《しょうあん》元年（1299）に再建。鎌倉時代に当時中国の最新の寺院建築様式の一つであった禅宗様《ぜんしゅうよう》をいち早く取り入れたものであった。密教《みっきょう》寺院における禅宗様仏堂の初期の例として、また関東地方における禅宗様の古例として貴重な文化財である。平成25年（2013）には国宝に指定された。

尊氏が室町《むろまち》幕府を開くと、鑁阿寺《ばんなじ》は足利氏発祥の地、そして氏寺として尊崇され、厚い保護を受けた。

約4万㎡に及ぶ敷地は元々は足利氏の館であり、現在でも、四方に門を設け、土塁《どるい》と堀がめぐらされており、平安時代後期から鎌倉時代の武家屋敷（平城）の面影を今に伝えている。このことから、大正11年

本堂の御本尊は胎蔵界大日如来。後方壇には弘法大師、興教大師、開基鑁阿上人（足利義兼）像、塔頭十二支院の御本尊を安置している。

（1922）、「足利氏宅跡」として国の史跡に指定され、現在では「日本100名城」にも選ばれている。

境内には、本堂のほかにも、鐘楼《しょうろう》、経堂《きょうどう》が国の重要文化財、東門、西門、楼門《ろうもん》、多《た》宝塔《ほうとう》、御霊屋《おたまや》、太鼓橋《たいこばし》が栃木県指定の建造物で、その他、市指定の建造物も多数あり、建造物以外にも、彫刻や文書、美術工芸品など、中世来の数多くの貴重な宝物類が今に伝わっている。

春は桜、秋は銀杏の黄葉を楽しめる。特に、樹齢約650年の大銀杏は11月下旬が見頃で、見上げるほどの巨木に、圧倒的な量の黄金色の葉が壮麗で見事である。市民には古くから「大日様」と呼ばれ親しまれている。

鑁阿寺正面入口の堀に掛けられた反り橋は太鼓橋と呼ばれる。江戸時代後期の建造で、県内唯一の屋根付きの橋。

城郭DATA

築城年	建久7年（1196）
別名	鑁阿寺
所在地	栃木県足利市家富町2220
営業時間	9:00～16:00（御朱印対応）
アクセス	東武足利市駅から徒歩10分 またはJR足利駅から徒歩7分
定休日	ー
駐車場	あり（無料）
入場料	無料

御城印

❶秀郷公ゆかりの家紋「揚羽蝶紋」が中央に押されている。

❷唐澤山神社では、唐沢山城の御城印だけでなく、唐澤山神社の御朱印もいただくことができる。

栃木県佐野市

続日本100名城／国指定史跡

唐沢山城《からさわやまじょう》

藤原秀郷公を祀る唐澤神社の由緒を伝える

御城印DATA

販売場所	唐澤山神社
販売料金	500円（税込）

藤原秀郷の子孫が代々守る山城

延長《えんちょう》5年（927）、下野国《しもつけのくに》（現在の栃木県）の警察にあたる押領使に任命された藤原秀郷《ふじわらのひでさと》は、父祖伝来の地である唐沢山に城を築き居城として、善政を施していた。

天慶《てんぎょう》2年頃（939）、平将門《たいらのまさかど》の乱が起こる。その征伐のために朝廷から派遣された藤原忠文《ふじわらのただふみ》の軍が到着する前に、秀郷は平《たいらの》貞盛《さだもり》と協力して将門を討ち取った。この功績によって下野守（栃木県の長官）に任ぜられ、武蔵守《むさしのかみ》も兼任するようになる。そして朝廷から土地一功田を受け、代々子孫が城主となってこの地を治めてきた。

室町時代には藤原氏の子孫の佐野《さの》氏の居城になっていたとされている。戦国時代に入ると、上杉謙信《うえすぎけんしん》に対して佐野昌綱《さのまさつな》は降伏と離反をくり返し、家を存続させた。後に北条氏に降った佐野氏は、天正《てんしょう》18年（1590）からは豊臣秀吉《とよとみひでよし》に従うようになる。

慶長《けいちょう》5年（1600）の関ヶ原《せきがはら》の合戦において、徳川家康《とくがわいえやす》についたため所領安堵《しょりょうあんど》されるが、戦後には佐野城を築いて移り、唐沢山城は廃城となる。

明治13年（1880）、佐野氏とその旧

高さ8mを超える高石垣。関東地方の城で、本丸を囲んでいるのは珍しい。

臣たちが、秀郷を祀る神社創立のため東明会を組織。3年後には唐澤山神社が創建された。

赤松におおわれた唐沢山は標高240mで、唐沢山城はその山頂に本丸を中心とした主郭《しゅかく》部を築いていた。断崖と深い谷に囲まれた自然の要塞であり、その地形を生かして尾根上に曲輪《くるわ》を連ねた連郭《れんかく》式の縄張《なわばり》。

本丸には織豊《しょくほう》期のものとされる見事な高《たか》石垣《いしがき》が築かれている。唐澤山神社の本殿及び拝殿《はいでん》があるのもここである。現在、神楽《かぐら》殿《でん》がある二の丸跡は、奥御殿直番の詰所があった場所で、広場になっている三の丸跡は、応接間があった。本殿に続く参道の途中には、当時、武士が馬を訓練したさくらの馬場もある。今も枯れることはない大炊《おおいの》井《い》や、龍宮まで続くとも言われる車井戸《くるまいど》、当時城門があった枡形、物見櫓《ものみやぐら》があった場所にある天狗岩など、見どころは多い。

本丸跡には現在、唐澤山神社が建立され、唐沢山城を築いたとされる藤原秀郷が祀られている。

城郭DATA

築城年	15世紀後半
別名	根小屋城、栃本城、牛ヶ城
所在地	栃木県佐野市富士町1409
営業時間	9:00～17:00
アクセス	東武佐野線「田沼駅」から車で約10分
定休日	ー
駐車場	あり(無料)
入場料	無料

富山県砺波市

続日本100名城／国指定史跡

増山城《ますやまじょう》

奉書紙に押された歴代城主の家紋・法印

御城印

❷中央は中川光重（宗半）の妻で前田利家の次女、蕭姫の法印。

❶和紙（奉書紙）に、歴代城主の家紋、花押などの印が押されている。左上は神保氏の家紋「丸に縦二引」、左下は佐々成政の家紋「角立四つ目結」、右上は上杉謙信の家紋「竹に飛び雀」、右下は前田氏の家紋「加賀梅鉢」。

御城印DATA

販売場所	砺波市埋蔵文化財センターしるし（庄東小学校敷地内）
販売料金	300円（税込）

軍神上杉謙信が三度攻めた堅城

築城年代は不明だが、貞治《じょうじ》元年（1362）、南北朝時代に和田《わだ》城の名で歴史に登場。越中の覇権争いの舞台となった。

戦国時代には、畠山《はたけやま》氏家臣の神保《じんぼ》氏が越《えっ》中《ちゅう》国婦負《ねい》郡・射水《いみず》郡の守護代となった。15世紀後半から重要な支城として整備しており、もっとも長く在城した。その間、度々上杉謙信《うえすぎけんしん》に侵攻され、一度は籠城して撃退

バリエーション

ふるさと納税限定バージョン

ふるさと寄付（納税）制度の返礼品として「増山城戦国米」とセットで贈呈している。戦国米は増山城のお膝元である栴檀野地区で作られ、粘土質の土壌により独特の食感とうま味を持つ。御城印には増山城のシルエットがプリントしてある。

するも、再侵攻により落城。その後、一向一揆《いっこういっき》勢力や上杉氏、佐々《さっさ》氏、前田《まえだ》氏などの所領となるが、慶長《けいちょう》年間（1596〜1615）に廃城となり、約250年の歴史の幕を閉じた。

廃城後は加賀《かが》藩の「御林」となって杉が植林され、富山県三大杉の一つ、マスヤマスギが生まれている。また、16世紀後半から形成され栄えた城下町は、芹谷野用水開削とともに人々が移住し、廃れていった。

城主が目まぐるしく交代し、その都度城の改修が重ねられた山城《やまじろ》。大小合わせて400以上の城があるとされる富山県内でも最大の縄張《なわばり》で、歴史的重要性などから越中三大山城に数えられている。また、三郡（砺波《となみ》、射水、婦負）の境に位置し、砺波郡への最前線で、ほぼ県西部を主郭から見渡せる眺望の良さから重要拠点となった。

和田川を天然の外堀、内まわり道の谷を空堀《からぼり》として利用し、北西に一ノ丸、最高所に城の中心となる広大な二ノ丸があり、三ノ丸や無常《むじょう》と呼ばれる曲輪《くるわ》を配して長大な堀切《ほりきり》で遮断し、防御されていた。その堅固さは、上杉謙信に「増山之事、元来嶮難之地」と言わしめたという。

さらに周辺には城塁群が作られている。この中でもっとも高所の標高133・1mに位置するのが亀山《かめやま》城で、放生津《ほうじょうづ》城、守山《もりやま》城などがある射水方面への眺めが素晴らしい。城跡群の北端部にあって射水・婦負方向からの攻撃に備えた孫次山砦《まごじやまとりで》、ほかにも赤坂山屋敷、団子地山屋敷などがある。

❶2010年に完成した、増山城跡の入り口にある冠木門。❷大堀切。城の中心部の北側と南側に存在する、増山城の象徴的遺構。

城郭DATA

築城年	不明
別名	和田城
所在地	富山県砺波市増山
営業時間	ー（増山陣屋は12月〜3月中旬まで冬期閉鎖）
アクセス	「砺波IC」から約20分 「高岡砺波SIC」から約10分
定休日	ー
駐車場	あり（無料）
入場料	無料

御城印

富山県高岡市

日本100名城／国指定史跡

高岡城《たかおかじょう》

前田家の家紋が配された御城印

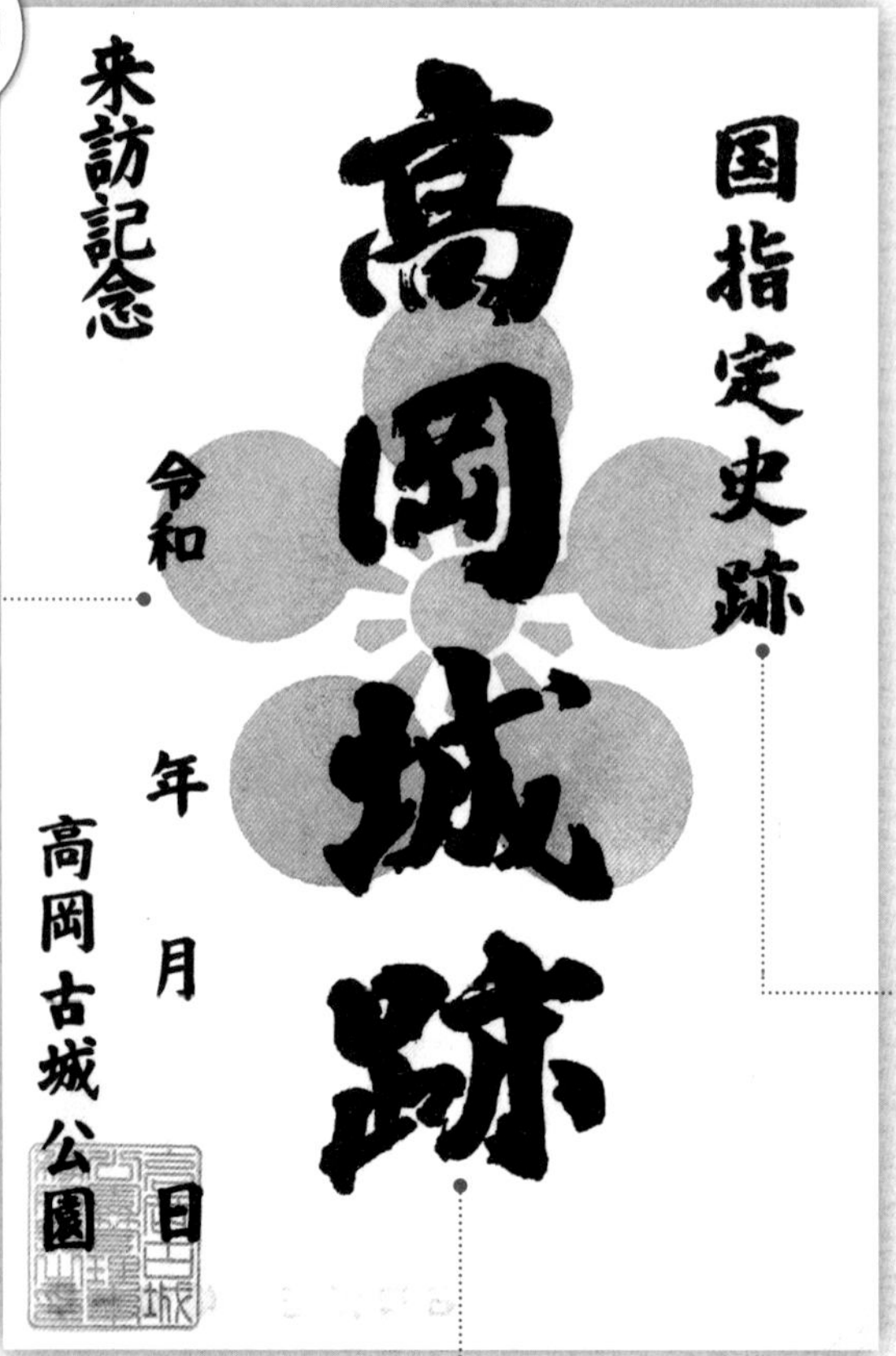

❶文化財の種別は「史跡」で、平成27年（2015）3月10日に指定された。

❷中央の印は前田家の家紋「剣梅鉢」。

❸揮毫は嶋崎一翠氏の直筆の写し。大手口に設置された石碑の文字を模写している。

御城印DATA

販売場所	高岡古城公園の三の丸茶屋（売店）
販売料金	1枚300円、2枚セット500円（各税込）

バリエーション

デザインが異なる2種類

平成27年（2015）に国指定史跡に指定されたことを記念して販売された2種類の御城印の別バージョン。収益は平成30年（2018）冬に大打撃を受けた桜などの再生や管理に充てられる。

高岡のまちの原点

慶長《けいちょう》14年（1609）3月、加賀前田《かがまえだ》家2代当主・前田利長《としなが》は、当時関野と呼ばれていた地に新たに城を築いた。これが高岡城である。利長は、『詩経《しきょう》』の一節からこの地を「高岡」と改称した。城の縄張《なわばり》は、前田家の客将で築城の名手・高山右近《たかやまうこん》によると伝えられる。

その5年後に利長は死去。元和《げんな》元年

明治14年(1881)高岡地区裁判所の設置により、南外濠に駐春橋(通称太鼓橋)が開通した。

（1615）の一国一城令《いっこくいちじょうれい》により廃城となったが、3代利常《としつね》は先代の意をくみ、城郭《じょうかく》の基本構造を残した。城下では鋳造産業を奨励し、布・魚・塩などを集散して、商工業の町へ転換された。

明治3年（1870）には、金沢藩が高岡城跡を民間に払い下げ、開拓を命じたが、高岡町民による運動が起こり、公園指定の請願書を県に提出して、「高岡公園」として残った。現在も市民の憩いの場となっている。

城跡は、富山県高岡市の中心地に東京ドームの約4・5倍にあたる約21万㎡もの広大な面積を持ち、小矢部《おやべ》川と庄《しょう》川とに挟まれた高岡台地上に位置している。その段丘崖や谷を利用して塁壁や堀が造られたようだ。

中央に巨大な本丸を設け、コの字型に二重の馬出郭《うまだしぐるわ》を配したのが大きな特徴で、極めて防御性の強い構造である。築城に関する文献史料や城絵図等も多く残っている。

城域の3分の1にもおよぶ広大な水堀は現在も良好な状態で残っており、伏流水を使っているため水量が豊富。古城公園となってからも人工的な手が加えられていない水濠公園で、園内には、野趣にあふれた自然が息づいている。春は桜も美しく、「さくら名所100選」や「甦る水100選」などにも選ばれている。

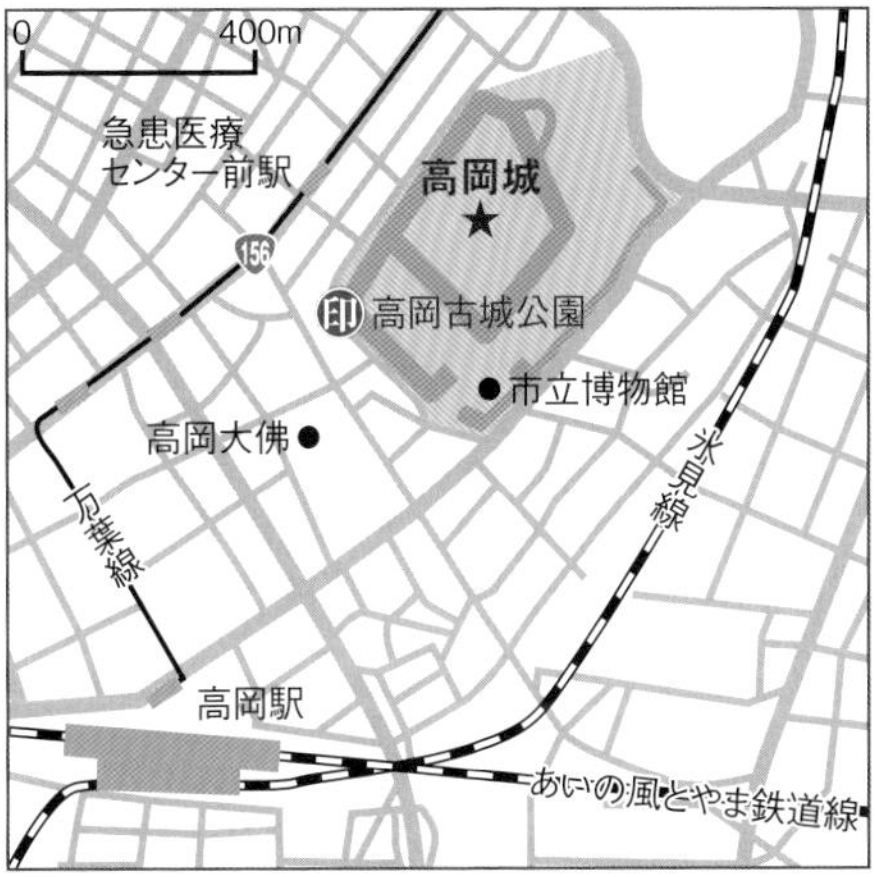

城郭DATA

築城年	慶長14年（1609）
別名	―
所在地	富山県高岡市古城1番9号
営業時間	―
アクセス	あいの風とやま鉄道「高岡駅」から徒歩15分
定休日	―
駐車場	あり（無料）
入場料	―

新潟県妙高市

続日本100名城／国指定史跡

鮫ケ尾城《さめがおじょう》

上杉軍軍旗の「毘」を大胆にあしらっている

御城印

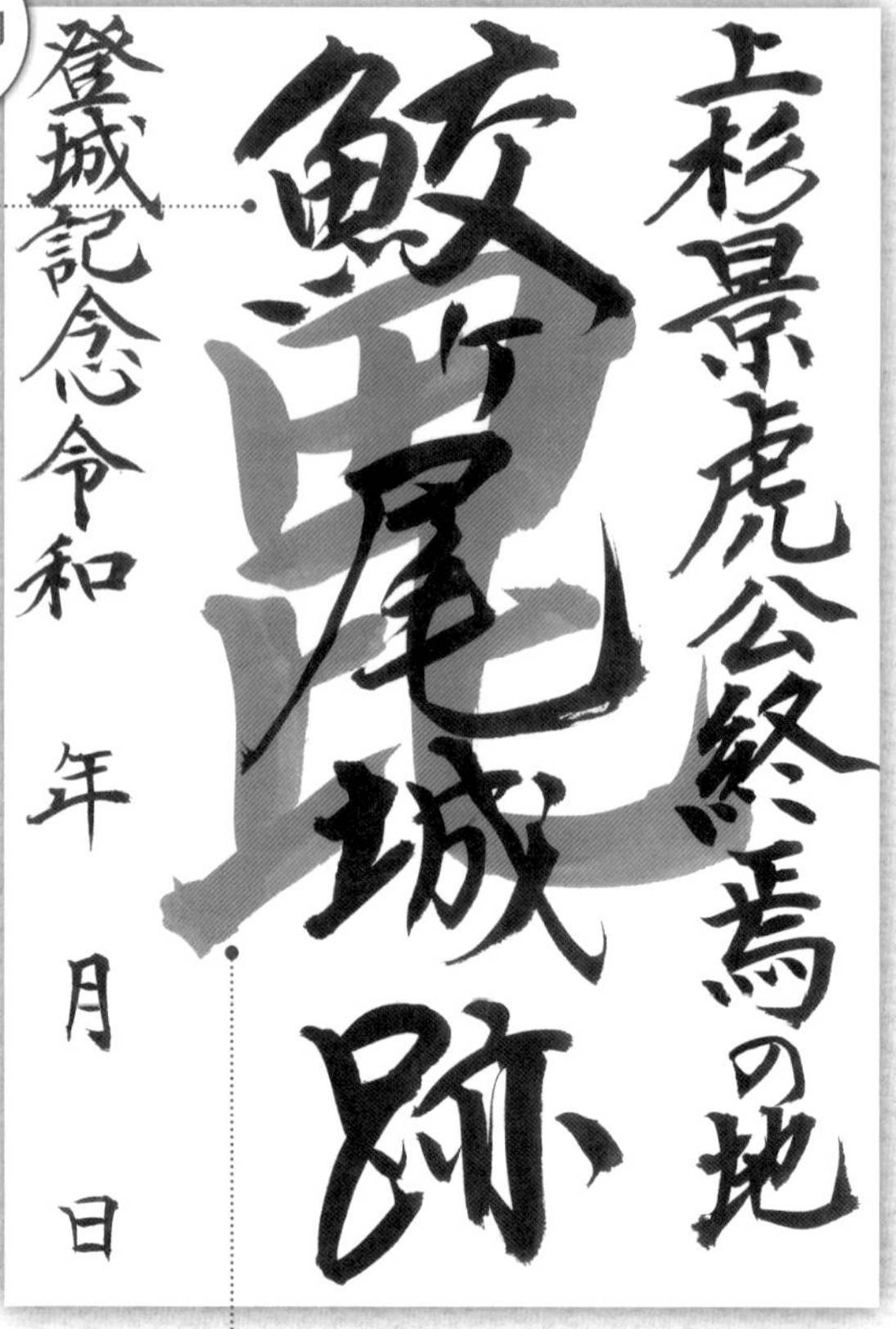

❶書は妙高市の女性書家が揮毫したもの。

❷城名背後の印は、上杉軍軍旗の「毘」を朱色であしらったもの。

御城印DATA

販売場所	4月中旬〜11月:斐太歴史の里総合案内所、12月〜3月:神の宮温泉かわら亭
販売料金	300円（税込）

名将上杉景虎の終焉の地

戦国時代の名将上杉謙信《うえすぎけんしん》が、武田信玄《たけだしんげん》の進出に対し信濃方面への備えとして築いた城。春日山城の前衛として普請された頸城《くびき》地方最大級の支城といわれている。築城年代は不明だが、発掘調査では16世紀後半の陶磁器片が数多く出土している。

山頂の標高が185mの低丘陵地を利用した山城《やまじろ》であり、北側と西側には深い沢、南側には河川が存在し、天然の要害と呼ぶにふさわしい地勢となっている。

越後を二分する大戦乱に発展した天正《てんしょう》6年（1578）の御館《おたて》の乱の終焉の地でもあり、上杉謙信の後継者と目されながらも、最後は近臣の謀反によって非業の死を遂げた景虎《かげとら》が立て籠もり、自刃した場所としても知られている。

遺構を見ると、御館の乱で廃城になり、城郭構造の転換期とされる織豊期に増築・改変がなされなかったことから、信越国境の軍事的緊張が極度に高まった天文《てんぶん》・永《えい》禄《ろく》・元亀《げんき》年間における山城構造を知るための好例とされている。上杉謙信・武田信玄の両雄を歴史の表舞台に引き出した川中島《かわなかじま》の合戦があまりにも有名であるが、そうした信越国境の軍事的緊張が高まった時期の姿を忠実に留めているという点で大変貴重な山城跡である。

南葉山《なんばさん》から東にのびる支尾根に置かれた主郭部を中心に、南側にのびる尾根筋を正面として自然地形を残さないように大小の曲輪《くるわ》や切岸《きりぎし》を連続的に造作している。尾根筋を断ち切る堀切《ほりきり》は長く、全長100mを超えるものもみられる。

20万㎡を超える指定地の内、遺構自体の広がりは12万㎡にも及ぶ。近年はカタクリやササユリをはじめとする山野草の自生地、ギフチョウをはじめとする多様な昆虫の棲息地としても人気が高まっている。

標高185mの丘陵頂上部にあった主郭。御館の乱で敗れた上杉景虎が立て籠もり、自刃して果てたという伝承が残る。

山頂にある曲輪(通称本丸跡)。眺めが良く、春日山も望める。

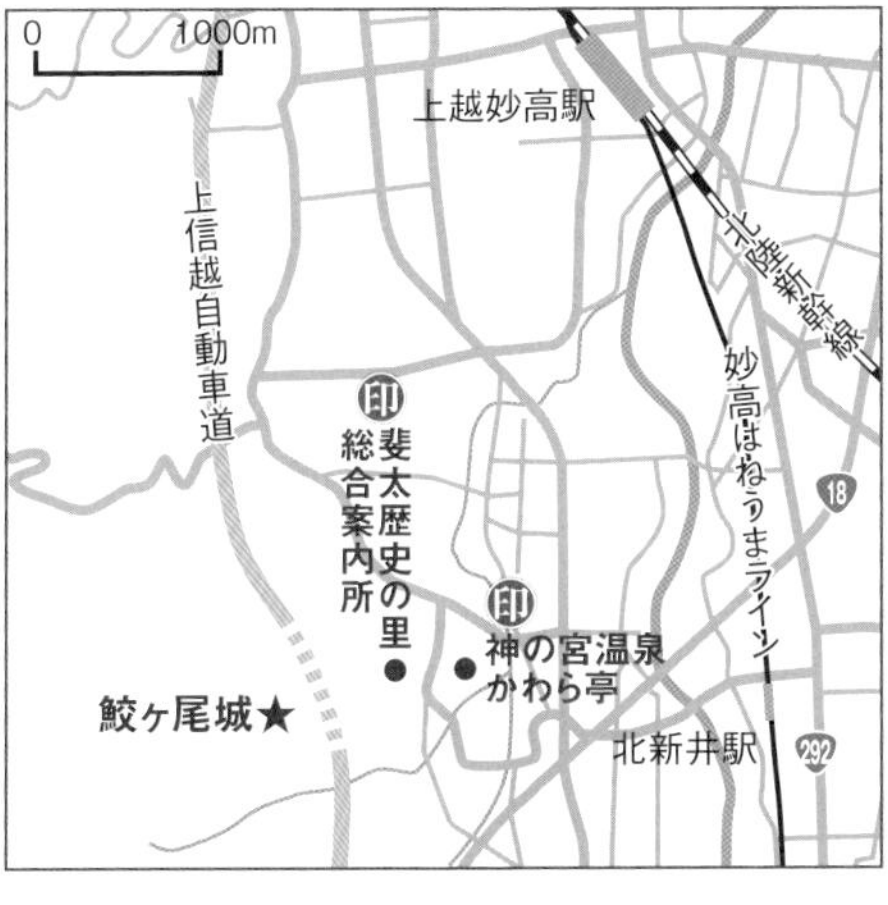

城郭DATA

築城年	不明(16世紀)
別名	宮内古城
所在地	新潟県妙高市大字雪森
営業時間	—
アクセス	「北新井駅」から徒歩で30分
定休日	—
駐車場	—
入場料	—

御城印

長野県小諸市

日本100名城／重要文化財

小諸城《こもろじょう》

小諸城址の印と別称が書かれた御城印

❶中央には小諸城址の印が押されている。

❷別称である「白鶴城」「酔月城」「穴城」が書かれ、信濃之国の印が押されている。

御城印DATA

販売場所	懐古神社社務所 または徴古館入口
販売料金	300円（税込）

バリエーション

「酔月城《すいげつじょう》」バージョン

小諸城の別称である「酔月城」の御城印。月と天守台が背景にデザインされている。

城下町より低く天然の谷に囲まれた珍しい「穴城」

城の起こりは平安時代末期にさかのぼり、「平家物語」にも登場する源氏・木曽義仲《きそよしなか》の部将・小室太郎光兼が館を構えたとされる。前身は大井《おおい》氏の鍋蓋《なべぶた》城と支城・乙女《おとめ》城。戦国時代には、武田信玄《たけだしんげん》が領有し、山本《やまもと》勘助《かんすけ》や馬場信房《ばばのぶふさ》らが築城して、今に残る城郭の基本ができた。しかし、武田氏が滅びた後は織田《おだ》信長《のぶなが》の配下、滝川一益《たきがわかずます》の領地に。信長が倒れると、北条《ほうじょう》氏が小諸へ侵攻し、徳川《とくがわ》、上杉《うえすぎ》、北条に真田《さなだ》も加わり争奪が展開された。

秀吉が天下統一し、徳川家康《いえやす》が関東に転《てん》封《ぽう》されると、仙石秀久《せんごくひでひさ》が小諸五万石の大名として城主となる。秀久は、秀吉の許可を得て、桐紋の金箔押瓦を使った三層の天守を本丸に備えた。秀吉亡きあと徳川氏についた秀久は、慶長《けいちょう》5年（1600）、関ヶ原の合戦のとき、中山道を進んだ徳川秀忠《ひでただ》の東軍を小諸城に迎えた。このとき、西軍・真田氏の上田城を攻めた上田合戦では、秀忠軍が苦戦し、天下分け目の合戦にも遅れたという逸話で知られている。

江戸時代になり、初代小諸藩主になった秀久は、大手門や石垣などの城郭整備や城下町、街道の整備も進めた。現在の小諸の町の原型が築かれたのは、仙石氏が上田藩に移封されるまでの32年の間である。浅間山から千曲川《ちくまがわ》に向かって傾斜した天然の要塞で、城下町から本丸に至るまで徐々に低くなっており、日本でも珍しい「穴城《あなじろ》」とも呼ばれている。その後、城主は徳川松平氏などに代わり、与板《よいた》藩から移封された牧野氏が藩主を務めた時代は、10代、170年余りにのぼった。

明治4年（1871）の廃藩置県で廃城となった後、懐古《かいこ》神社が祀られ、三の門より城内は懐古園と名づけられた。そして、小諸藩の元藩士らによって明治政府から買い戻され、昭和元年（1926）には本多静六により、近代的な公園に生まれ変わった。

別名「酔月城」とも呼ばれ、伊藤 仁齋（1627－1705年）に城主が書かせ、酔月城主にあてた「月」の書が残る。

城内の懐古園は日本さくら名所100選や日本の歴史公園100選にも指定されている。

天守台及び各御丸（本丸、二之丸、北之丸、南之丸）の野面積の石垣が往時の面影を美しく残す。

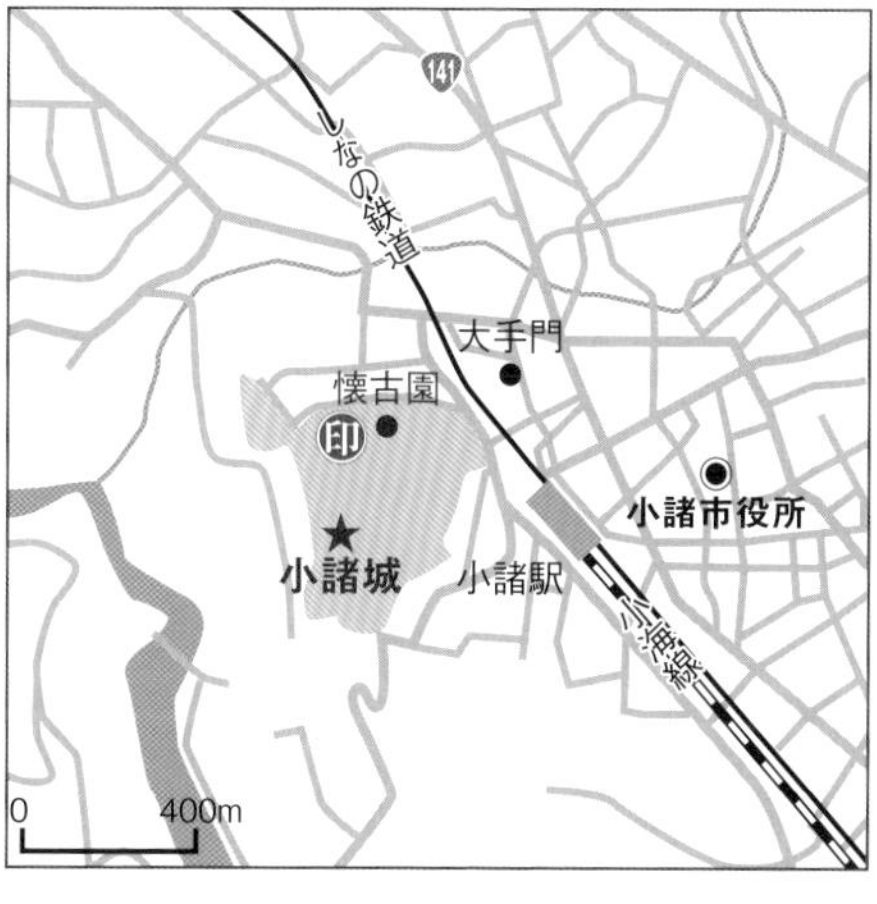

城郭DATA

築城年	天文23年（1554）、天正18年（1590）
別名	白鶴城、酔月城、穴城
所在地	長野県小諸市丁311
営業時間	9:00～17:00（冬季は16:30）
アクセス	JR小諸駅から徒歩5分
定休日	12月～3月までの毎水曜、1月1日～3日
駐車場	あり（有料）
入場料	散策券300円、資料館4館共通券500円

御城印

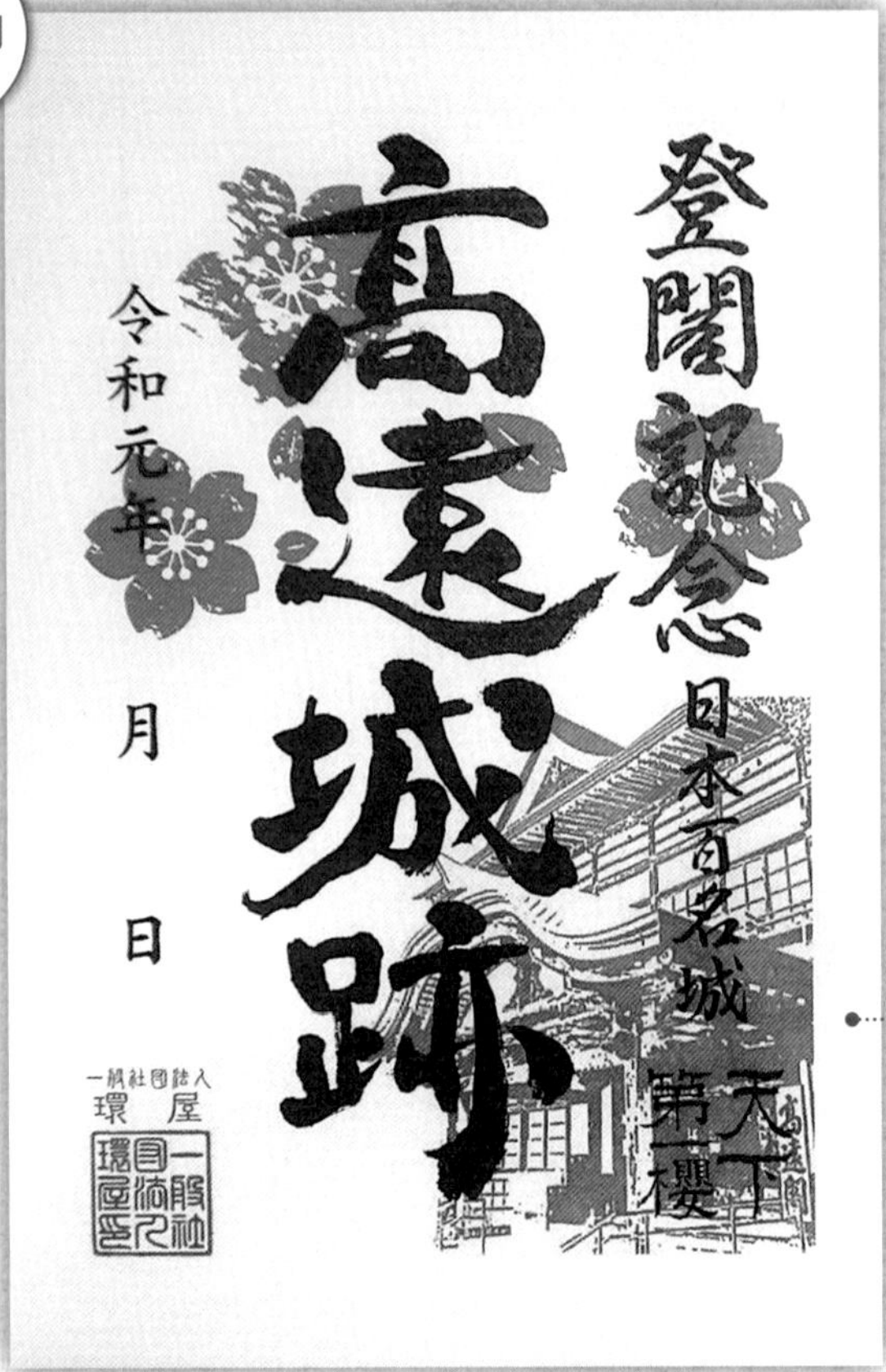

❶御城印は2種類あり、こちらは「天下第一の桜」と言われる桜の名所「高遠閣」と、その桜を印にした「高遠閣版」。

❷桜の花びらと高遠閣のイラストがデザインされている。

長野県伊那市

日本100名城／国指定史跡

高遠城《たかとおじょう》

桜の名所「高遠閣」と桜の印がモチーフ

御城印DATA

販売場所	高遠町歴史博物館、高遠なつかし館、高遠町観光案内所
販売料金	2枚セット500円（税込）／1枚300円（税込）

女たちも戦った後堅固の城

高遠頼継《たかとおよりつぐ》を攻略した武田《たけだ》氏の、信濃《しなの》の重要な拠点だった城。軍師・山本勘助《やまもとかんすけ》の改修と伝えられ、勘助曲輪《かんすけぐるわ》も残っている。

天正《てんしょう》10年（1582）、織田信長《おだのぶなが》の武田討伐がはじまるも、勝頼《かつより》の代で信長に押された武田氏は離反者が続出していた。まともに交戦した城は、勝頼の弟・仁科盛信《にしなもりのぶ》以下3000の兵が守るこの城のみであったという。同年3月に信長の長男・信忠《のぶただ》軍の5万の兵が城を総攻撃。兵たちは必死で抵抗したが半日で落城し、盛信は自刃した。その際、織田方は400もの首を取ったとされ、中には刀を振り回した城の女房衆までもが討ち取られていた。『信長公記《しんちょうこうき》』によると「前代未聞の次第」と称賛された。

江戸時代には徳川氏の譜代《ふだい》大名の居城となり、明治5年（1872）に城が取り壊され、明治8年（1875）、公園として整備された。

三峰川《みぶがわ》の断崖を背にした本丸を、二ノ丸、三ノ丸が半円状に囲む後堅固《うしろけんご》の縄張《なわばり》で、曲輪間の空堀《からぼり》と土塁《どるい》による守りは堅かった。本丸空堀はよく残っており、二ノ丸から桜雲橋を渡ると、城下から移築された現存の問屋門《とんやもん》が本丸の入口に立っている。ほかにも、大正2年（1913）に本丸南隅櫓《すみやぐら》跡に建てられた太鼓《たいこ》櫓や新城藤原神社、高遠公園碑、無字の碑、靖国招魂碑など公園内には古きを偲ぶ歴史的資料が多く存在する。また、石垣や堀・土塁が戦国期の雰囲気を伝えている。

　城域は現在、全国でも有数の桜の名所となっている。これは、高遠藩の旧藩士達が「桜の馬場」から桜を移植したことによる。本丸の老木はこの当時植えられたもので、最盛期には140年生以上の古木20本、50年生以上の500本、さらに若木を加えた約1500本のタカトオコヒガンザクラが咲き乱れる。春にはさくら祭り、秋には高遠城址もみじ祭りが開催されている。

公園内にある有料休憩所の高遠閣。国の登録有形文化財となっている。

バリエーション

高遠城跡（桜版）
4枚セット1,000円（税込）／バラ300円（税込）

高遠城跡（手書き版）
2種類各500円（税込）

高遠城跡（夜桜版）
2枚セット500円（税込）／バラ300円（税込）

高遠城跡（もみじ版）
2枚セット500円（税込）／バラ300円（税込）

城郭DATA

築城年	不明、天文16年（1547）に修改築か
別名	兜城
所在地	長野県伊那市高遠町東高遠
営業時間	9:00～17:00
アクセス	JR飯田線「伊那市駅」・「伊那北駅」下車、バス約25分「高遠駅」下車、徒歩約15分またはタクシー約5分
定休日	-
駐車場	あり（無料。観桜期に限り有料）
入場料	無料（観桜期に限り大人500円）

御城印

長野県松本市

日本100名城／国宝

松本城《まつもとじょう》

小笠原家・戸田家・石川家の3種類を発行

❶小笠原家朱印バージョン。第3代城主小笠原秀政（ひでまさ）が使用した印がデザインされている。馬の蹄をかたどった枠内に「弌剣平天下（いっけんへいてんか）」と書かれている。

❷松本城では御城印は「天守登閣記念朱印符」と呼ばれている。御城印は、約30年前に松本城で発売されたのが最初だという。
※松本城の御城印はサンプルを掲載しています。

御城印DATA

販売場所	松本城管理事務所（有料区域内）
販売料金	小笠原家・戸田家は300円、石川家は600円。3枚セットで1,000円（各税込）。

バリエーション

戸田家花押

下段に第20代城主戸田光行（みつゆき）、上段に第23代城主戸田光則（みつひさ）の花押がデザインされている。

石川家花押

天正18年(1590)に松本に入り城の建築を始めたとされる石川数正の花押。上段は石川家の家紋。

松本城は黒く輝く大天守と小天守の姿が特徴的。

石川数正親子による渾身の築城

松本城の前身は深志《ふかし》城といって、永正《えいしょう》元年（1504）に島立右近貞永が築いたといわれている。天文《てんぶん》19年（1550）までは、信濃守護家であった小笠原《おがさわら》氏の支城であったが、武田晴信《たけだはるのぶ》（のち信玄《しんげん》）が小笠原長時《ながとき》をやぶり、深志城を北信濃制圧の拠点として大掛かりな修築を行ったといわれる。武田氏滅亡後しばらくして、長時の子貞慶《さだよし》が深志城を奪還し、名を松本城と改めた。

貞慶は、領内の平定や城郭と城下町の建設に手をつけたが、天正《てんしょう》18年（1590）、徳川家康《とくがわいえやす》の関東移封にともなって息子とともに松本を離れた。このあと、小田原攻めの論功行賞として石川数正《いしかわかずまさ》が入封《にゅうほう》し、子の康長《やすなが》と2代がかりで近世城郭に造り替えた。しかし、その入封から2年後、数正は文禄《ぶんろく》の役で出兵中に死去。水野《みずの》氏時代に編纂された、松本藩域を中心にした歴史・地誌を記した『信府統記《しんぷとうき》』によれば、康長の代には天守の建築が急ピッチで進められたとある。康長の改易後、小笠原、戸田《とだ》、松平《まつだいら》、堀田《ほった》、水野と城主が代わり、再び戸田氏が入った後に明治維新を迎えた。

戦国と太平の顔を併せ持つ城

松本城の天守《てんしゅ》群は、連結複合式。大天守と乾《いぬい》小《こ》天守《てんしゅ》が渡櫓《わたりやぐら》でつながり、辰巳《たつみ》附櫓《つけやぐら》と月見櫓《つきみやぐら》が複合した造りで、5棟すべてが国宝である。城を現在の姿にした石川数正は、元々家康の家臣であった。秀吉《ひでよし》に恭順の意を示すため、親子2代で最先端の築城法を導入し、外観は秀吉の象徴である黒色としたといわれる。

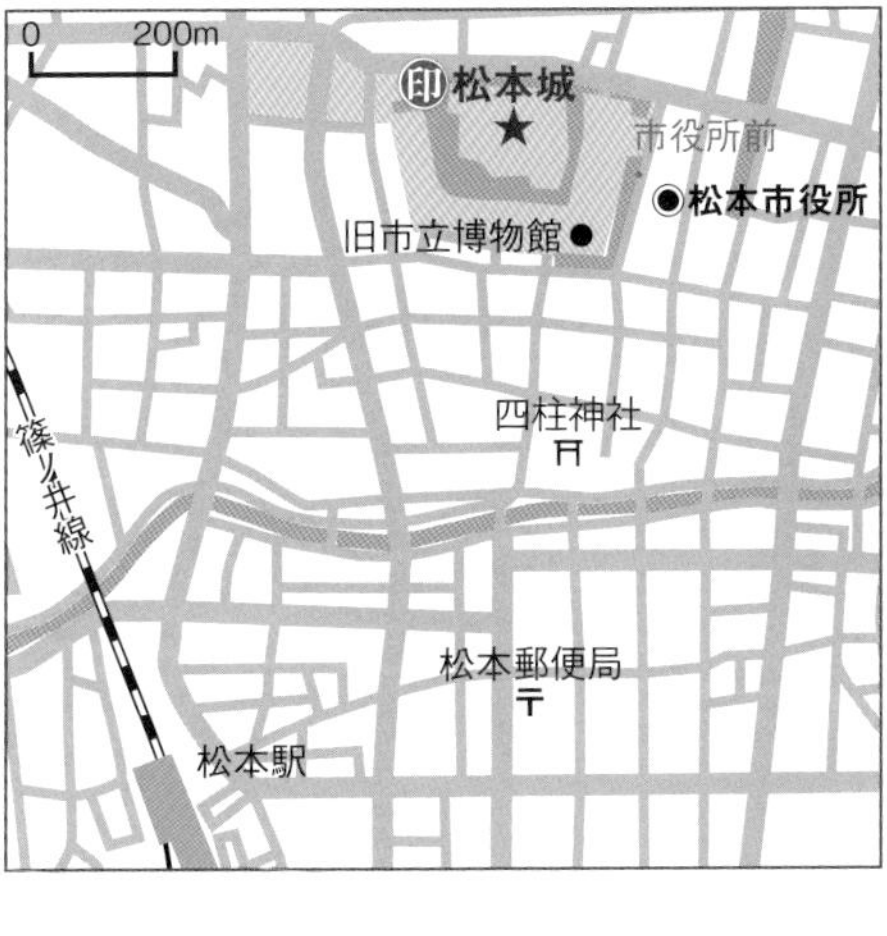

城郭DATA

築城年	文禄2～3年（1593～94）
別名	深志城
所在地	長野県松本市丸の内4-1
営業時間	8:30～17:00（通常）、 8:00～18:00（ゴールデンウィーク期間、夏季期間） （ともに最終入場は閉館30分前まで）
アクセス	JR松本駅から徒歩約20分
定休日	12月29日～31日
駐車場	あり（有料）
入場料	大人700円

天守の内部は完全な戦闘仕様。矢狭間《やざま》や鉄砲狭間《てっぽうざま》を多数設置して攻撃力を高めている。二の丸は本丸の三方に接して梯郭式《ていかくしき》に配置され、周りを三の丸が取り囲む輪郭《りんかく》梯郭式。内堀《うちぼり》、外堀《そとぼり》、総堀《そうぼり》の三重の水堀があった。石垣《いしがき》は水はけのよい野面積《のづらづみ》。扇状地の端に建っているため地盤は緩いが、土台や石垣が当時の知恵で補強されている。

天守の戦闘的な性質とは対照的に、江戸時代に造営された月見櫓と辰巳附櫓は、戦う備えがない優雅な造りである。月見櫓の脇には今も水門が残り、船上で四季の風情を楽しむために小舟で水堀へ出ていたと考えられている。

松本城に伝わる様々な伝説

貞享《じょうきょう》3年（1686）、農民一揆の首謀者多田加助《ただかすけ》が、武士に約束を反故にされた

加藤清正が城見のために訪れた際に、駒をつないだという話を伝える桜。

グッズ・お土産

松本城オリジナル「御朱印符帳」

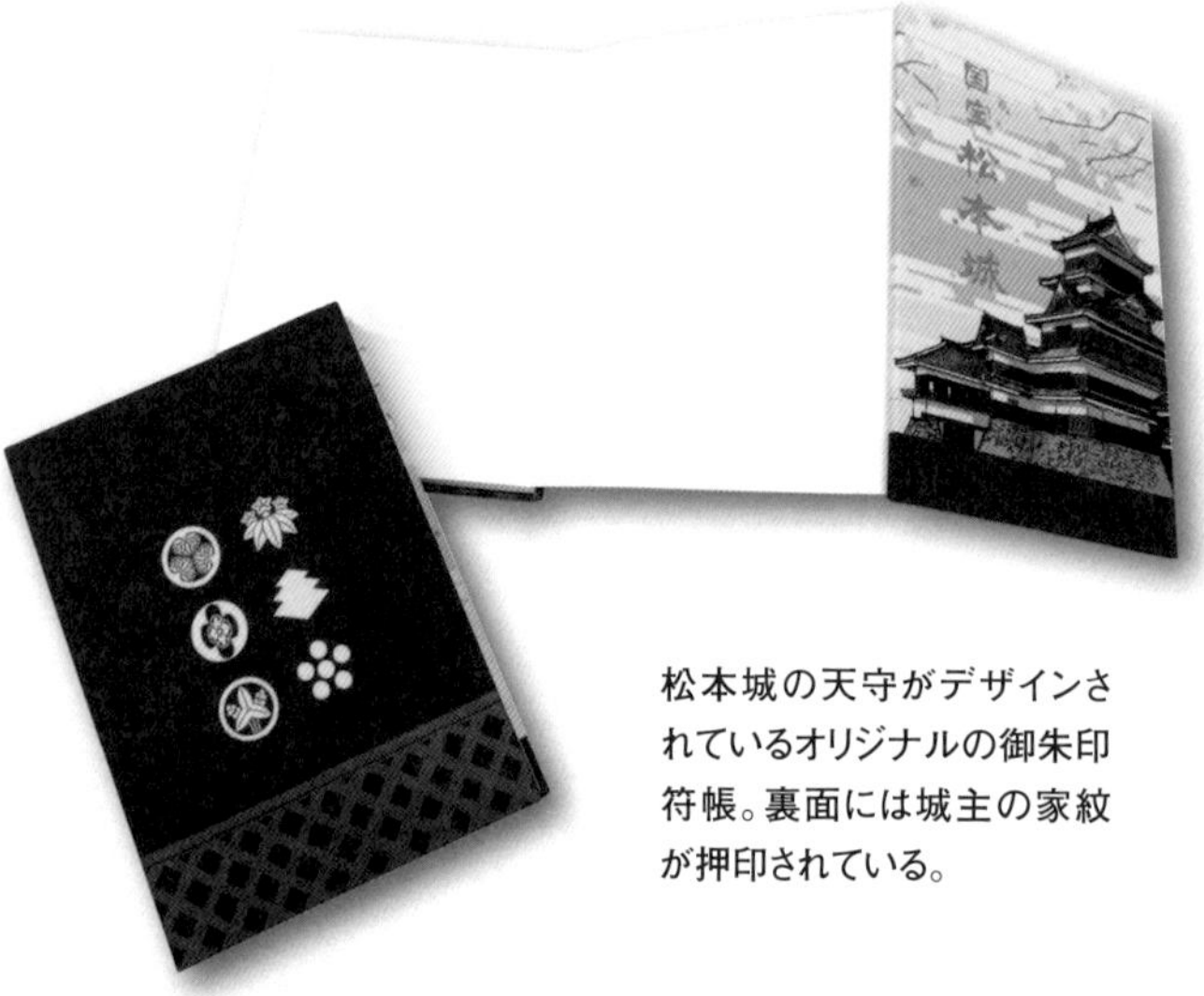

松本城の天守がデザインされているオリジナルの御朱印符帳。裏面には城主の家紋が押印されている。

怒りで処刑間際に「2斗5升、2斗5升……」と叫び、血ばしった目で天守を睨みつけた。その瞬間、恐ろしい地ひびきとともに天守が西に傾いたという。実際、明治30年代には天守の傾きを直す工事をしているが、原因は天守台の中の土台の支持柱が腐っていたためで、傾いた城伝説は、明治になってつくられたものである。また、城内にある小笠原牡丹にも逸話がある。天文19年（1550）、小笠原長時が武田晴信に追われて北信濃の村上氏を頼った際、大事にしていた「白ぼたん」が敵に踏み荒らされるのを惜しみ、兎川寺《とせんじ》の住職に託して落ち延びた。以来、兎川寺檀家の久根下《くねした》家が「殿様の白ぼたん」として代々守り続けてきた。昭和になって、久根下家の子孫からこの話を聞いた16代目の小笠原家当主、忠統《ただむね》はいたく感激し、白ぼたんは400年以上の時を経て松本城の本丸庭園に移植され、現在も見事な大輪を咲かせている。

本丸御殿に通じる入り口であった黒門一の門。格調高い正式な門という意味で、当時の最高の色調である黒の名を冠している。

本丸御殿は享保12年（1727）に火事により焼失。現在、本丸庭園の中で瓦を使って仕切りをしてある部分が本丸御殿にあたる。

天守近くで毎年5月に白く美しい花を咲かせる「殿様の白ぼたん」のいわれがある小笠原牡丹。

御城印

長野県長野市

日本100名城

松代城《まつしろじょう》

松代オリジナルと通常の六文銭の2種類がある

❶押されている朱印は松代オリジナル六文銭。

❷城門・石垣など現存そのままに印刷されている。また、真田家の家紋である「雁金」(左下)と「すはま」(右上)の印も入っている。

御城印DATA

販売場所	信州松代観光協会
販売料金	300円(税込)

千曲川を望む武田流築城術の城

武田信玄《たけだしんげん》と上杉謙信《うえすぎけんしん》が信濃《しなの》の覇権を争った川中島合戦《かわなかじまかっせん》で、武田側の拠点として築城されたといわれている。当時は「海津城《かいづじょう》」と呼ばれ、千曲川《ちくまがわ》の流れを外堀とする天然の要塞であった。武田氏滅亡の後は、織《お》田《だ》・上杉《うえすぎ》・豊臣《とよとみ》・徳川《とくがわ》各氏の家臣が次々と入城した。

元和《げんな》8年(1622)、関ヶ原の合戦の功によって真田信之《さなだのぶゆき》が入封《にゅうほう》され、明治時代に入るまでの10代250年間、藩主として真田氏が北信濃四郡を支配した。松代は十万石の城下町として発展し、3代藩主幸《ゆき》道《みち》のときに松代城と改められた。松代城は海津城時代の縄張《なわばり》を生かして改修されている。そのため、武田流築城術の特徴が強く出ている城である。

信之をはじめ歴代の藩主たちは、町づくりや産業振興に力を尽くした。さらに質素倹約を励行するとともに文武を奨励し、風情と落ち着きある現在の城下町、松代の礎を築いてきた。

しかし、明治の廃城にともなって建物が壊されたため、長い間石垣を残すのみだっ

城の本丸正面に位置する太鼓門と太鼓前橋。松代城で最も大きい門で、藩士に登城時刻を知らせたり、緊急連絡をするための太鼓が備えられていた。

た。昭和56年（1981）、新御殿《しんごてん》（真田邸）とともに国の史跡に指定される。その後、長野市により環境整備工事が行われ、平成16年（2004）に、太鼓門《たいこもん》や北不明門《きたあかずもん》、土塁《どるい》などが復元された。二の丸《にのまる》は土塁で囲まれている。現存しているのは、自然の形のまま積まれた野面積《のづらづみ》の石垣がある戌亥隅櫓台《いぬいすみやぐらだい》。地元で採掘された柴石や皆神山の石を使っており、実質的には天守台に相当する。

桜の名所としても知られており、毎年4月上旬から中旬頃に見頃を迎える。

バリエーション

期間限定版
毎年4月～3月までの一年間限定版。毎年デザインは変更される（税込300円）。

季節限定版
春限定版（2月～5月）、夏限定版（6月～9月）、秋冬限定版（10月～1月）（税込300円）。

城郭DATA

築城年	永禄3年（1560）頃
別名	海津城
所在地	長野県長野市松代町松代44
営業時間	9:00～17:00※11月～3月は9:00～16:30（入場は閉場の30分前まで）
アクセス	JR長野駅善光寺口③乗り場からバスで約40分「旧松代駅」下車徒歩3分
定休日	年末年始（12月29日～1月3日）
駐車場	あり（無料）
入場料	無料

御城印

岐阜県可児市

久々利城《くくりじょう》

桔梗の紋と城主悪五郎の印

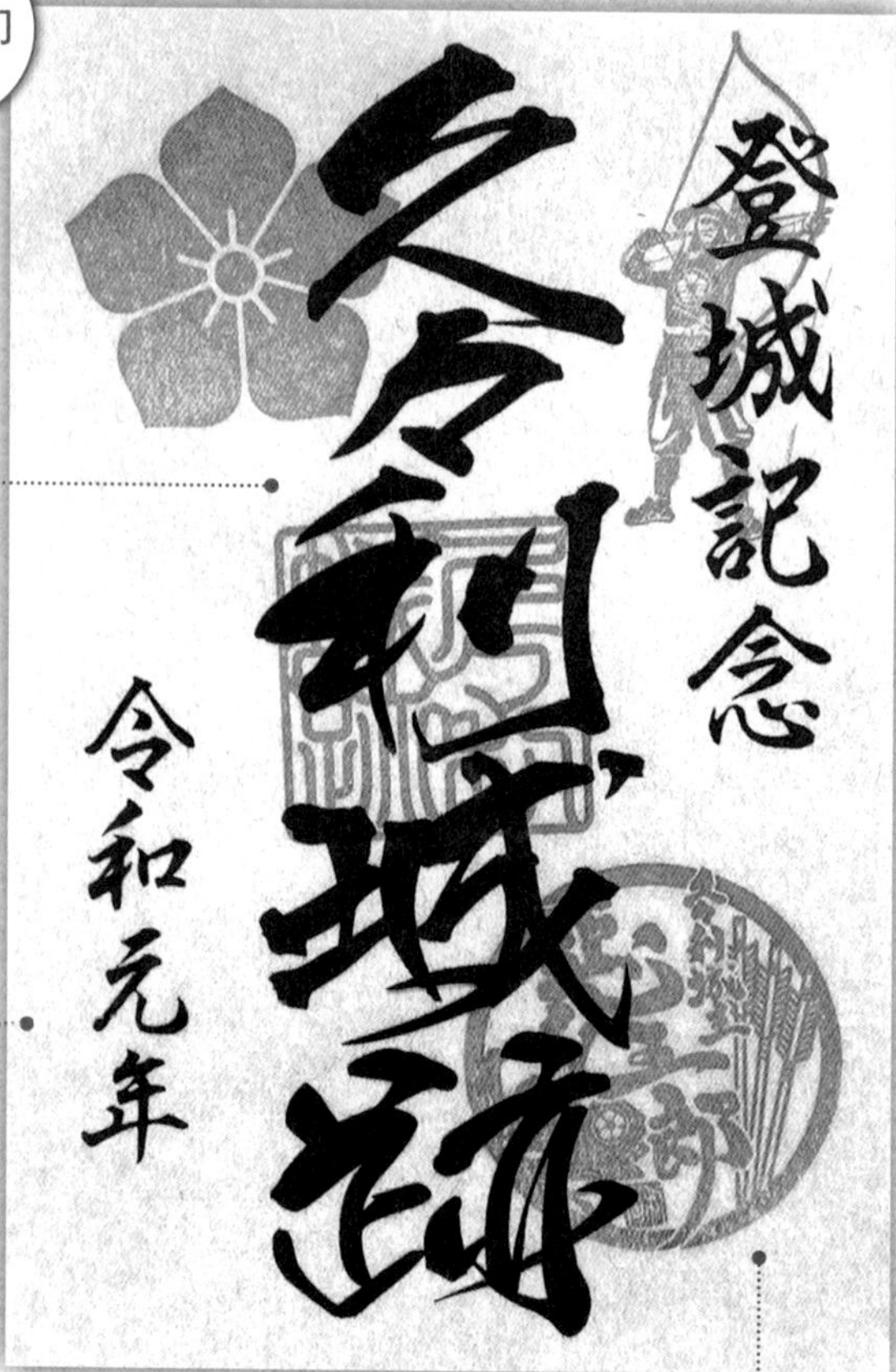

❶書は城跡にある大看板から引用したもの。

❷紙は美濃和紙汎紙苑（楮入）を使用している。

❸左上の朱印は土岐氏の家紋「桔梗紋」、右上には弓の名手「悪五郎」の印。中央には久々利城跡の印、右下には城主悪五郎の印をあしらっている。

御城印DATA

販売場所	田中商店
販売料金	300円（※協力金）

土岐一族の権威を示す土の要塞

応永《おうえい》年間（１３９４～１４２８）に土岐《とき》久々利《くくり》氏が築いたといわれる城。

現在の可児《かに》郷土歴史館北側にあり、標高２３６ｍの丘陵を背にし、南に張り出した急峻な峰を、堀切《ほりきり》をもって遮断し構築している。築城当初の単調な造りと、戦国時代後半に導入された横矢や桝形《ますがた》虎口《こぐち》、横堀《よこぼり》などの技巧的な造りとが併存する構造となっている。城は東西二股の尾根にわかれ、東側尾根は曲輪《くるわ》を階段状に配置する縄張《なわばり》で、約10ヶ所の曲輪で構成される。石垣を用いずに自然地形を利用して構築された、典型的な中世山城《やまじろ》である。各所に比較的大きな曲輪が配置されていることから、城主久々利氏の権力の大きさが垣間見える。

土岐三河守悪五郎の名は、南北朝の争乱の際に戦死した康貞《やすさだ》を初代とし、天正《てんしょう》11年（１５８３）にいたるまで約百数十年間、歴代城主が代々世襲したとされる。久々利氏は本城を本拠としたが、幕府奉公衆として在京していた者もいたようである。

永禄《えいろく》8年（１５６５）に織田《おだ》信長《のぶなが》が中濃

石垣を用いずに自然地形を利用して構築された、典型的な中世山城である。

攻略を開始すると、久々利氏は美濃金山《みのかねやま》城に入った森可成《もりよしなり》に従った。その後、天正11年に、可成の子である長可《ながよし》の策略によって、久々利氏は討たれ落城。200年余にわたり栄えた土岐久々利氏はここに滅亡したと伝わる。

発達した虎口に大規模な切岸など、当時の姿を見ることができる。

城郭DATA

築城年	応永年間(1394〜1428)
別名	—
所在地	岐阜県可児市久々利1133
営業時間	—
アクセス	名鉄新可児駅またはJR可児駅から タクシーで約20分
定休日	—
駐車場	あり(無料)(久々利地区センター)
入場料	無料

岐阜県岐阜市

日本100名城／国指定史跡

岐阜城《ぎふじょう》

織田家の家紋・旗印、天下布武印が配される

御城印

❶朱印は上から織田家家紋「織田木瓜」、天下布武印、織田家旗印「永楽通宝」が配されている。

❷紙は手すきの美濃和紙（ユネスコ無形文化遺産）が使われている。

御城印DATA

販売場所	ぎふ金華山ロープウェー山麓売店
販売料金	300円（税込）

安土城の雛形である信長の城

標高329mの金華山《きんかざん》山頂に築かれた典型的な山城《やまじろ》。築城時期・築城者とも不明だが、鎌倉幕府の執事二階堂行政《にかいどうゆきまさ》が金華山頂にはじめて砦を築いたと伝えられている。もとは稲葉山《いなばやま》城と呼ばれ、戦国時代には斎《さい》藤道三《とうどうさん》が3代にわたって居城とし、山城と城下町を整備した。

永禄《えいろく》10年（1567）、織田信長《おだのぶなが》の美濃《みの》攻めにより陥落。信長はこの地方一帯を平定し、地名を「井口《いのくち》」から「岐阜」に改称した。山頂の城も岐阜城と名を改め整備し、麓《ふもと》に居館を築くなど大改修を行い、天下統一の本拠とした。

しかし慶長《けいちょう》5年（1600）、関ヶ原の合戦の前哨戦で信長の孫・秀信《ひでのぶ》が西軍に味方して東軍に攻め入られ、激戦の末落城。翌年には廃城となり、天守や櫓《やぐら》等は南方約3㎞の加納《かのう》城に移されたが、後に焼失している。

岐阜城の特徴は、山上と山麓に築かれた2つの〝天守〟。と言っても、本格的な天守建築は天正《てんしょう》4年（1576）の安土《あづち》城がはじまりとされているため、信長はあらかじ

め小規模な雛形を築いていたとされている。どちらも詳細は不明だが、山麓の天守は四階建てで宮殿と称され、信長居館と接客の場を兼ねていた。現在、岐阜公園にその跡とされる千畳敷がある。内部には贅沢に金が使われた15～20の座敷があり、石の堀が周囲を取り巻いていた。山頂の天守は高《こう》欄《らん》廻縁《まわりえん》の望楼《ぼうろう》（物見櫓《ものみやぐら》）を持った大櫓だったとみられる。

　現在は三層四階の天守が復興され、平成23年には金華山一帯が「岐阜城跡」として国の史跡に指定された。また、平成27年には「信長公のおもてなし」が息づく戦国城下町・岐阜として日本遺産に認定されている。

昭和31年（1956）、加納城櫓の図面をもとに再建された鉄筋コンクリート造の復興天守。内部は史料展示室があり、三重四階の高さの展望台から市街を一望できる。

バリエーション

月の最終金曜日のみ発売される「金の岐阜城御城印」

毎月1回、月の最終金曜日のみ発売されている。文字は金の箔押し、印は織田家家紋「織田木瓜」。紙は上質美濃和紙となる。

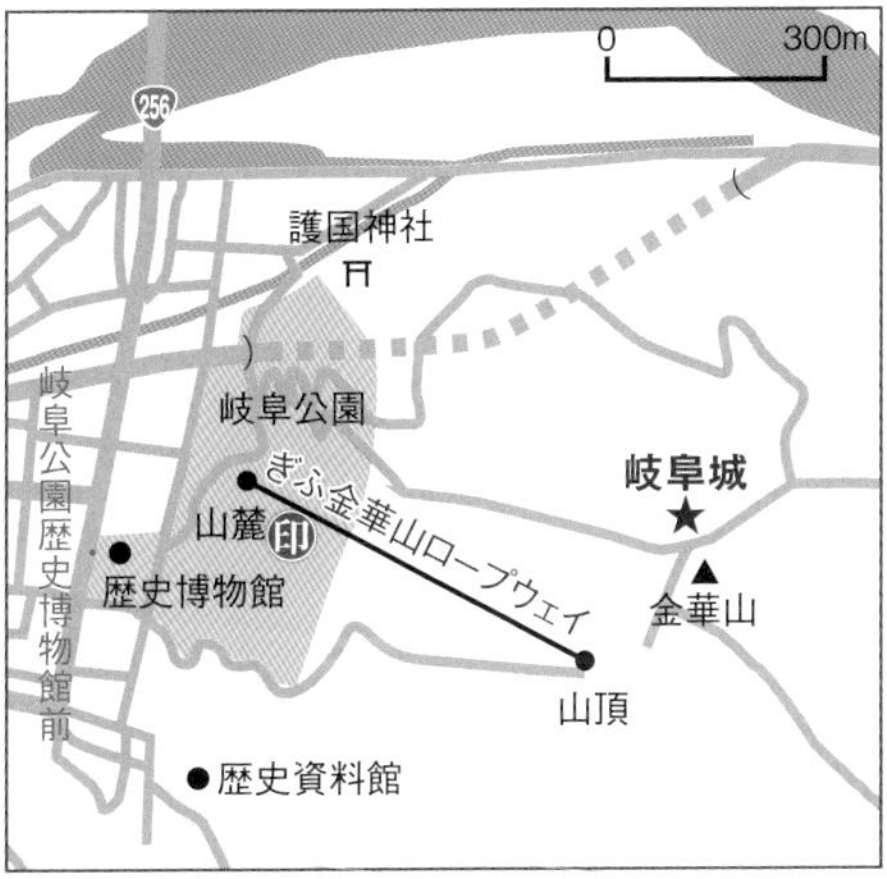

城郭DATA

築城年	建仁元年（1201）頃
別　名	稲葉山城、井ノ口城
所在地	岐阜県岐阜市金華山天守閣18
営業時間	3月16日～10月16日　9:30～17:30、10月17日～3月15日　9:30～16:30、元旦のみ　6:30～16:30 ※元旦は午前6時30分に開館します。ただし事前応募での抽選により定数を設けての入場とします（概ね午前7時30分より通常入場）。 ※期間限定で夜間開館あり ※諸事情により時間変更あり
アクセス	JR「岐阜駅」・名鉄岐阜駅から15分で「岐阜公園・歴史博物館前」下車徒歩3分、金華山ロープウェー「山麓駅」からロープウェー4分「山頂駅」から徒歩約8分
定休日	―
駐車場	あり（310円）※岐阜公園市営駐車場へ
入場料	大人:200円（16歳～）、小人:100円（4～15歳）

御城印

岐阜県恵那市

日本100名城／県指定史跡

岩村城《いわむらじょう》

日本三大山城を治めた遠山氏の家紋

❶1185年の岩村城創築から380余年にわたり岩村城主であった遠山氏の家紋。

御城印DATA

販売場所	恵那市観光協会岩村支部（観光案内所えなてらす、いわむら。）岩村山荘（登城口）
販売料金	300円（税込）

女城主が守った近世山城

文治《ぶんじ》元年（1185）、源頼朝《みなもとのよりとも》の重臣加《か》藤景廉《とうかげかど》がこの地である遠山の荘の地頭に任じられ、その長男景朝《かげとも》が城を築き、代々遠山氏を称した。

戦国時代末期、城主の遠山景任《とおやまかげとう》が病没すると、養子である織田信長《おだのぶなが》の五男御坊丸が幼少のため、その夫人で信長の叔母が実質的に女城主として城を守った。ところが元《げん》亀《き》3年（1572）、武田信玄《たけだしんげん》の二十四将の一人秋山虎繁《あきやまとらしげ》に侵攻され、3ヶ月にわたり籠城するも防ぎきれず、城兵や領民の命を守るため虎繁と再婚することを条件に無血開城を余儀なくされた。その後も城の普請や城下町の守備に勤しむも、人質として御坊丸を信玄のもとへ送られ、岩村城も乗っ取られてしまった。信長は激怒し、天正《てんしょう》3年（1575）の長篠《ながしの》・設楽原《したらがはら》の戦いで武田と織田の形勢が逆転すると、信長の嫡男信忠《のぶただ》率いる織田軍が攻め入った。この時も籠城作戦は半年に及んだが、武田の援軍も望めず、領民と信長の叔母、虎繁の命を守る約束の上で開城。しかし信長はこれを反故にし、夫妻は磔刑に処された。以降、信

標高717mにある本丸。岩村歴史資料館に車を停め、登城坂の石畳を800m登れば約20〜30分でたどり着ける。※出丸広場までの道が狭く、車でのすれ違いができないため、徒歩での登城が推奨されている。

長の家臣河尻秀隆《かわじりひでたか》、森長可《もりながよし》、江戸時代は大給松平氏が2代、丹羽氏が5代、大給松平氏の分派が7代城主となり城を改修し、683年間に渡って続き、明治に廃城となった。

江戸諸藩の府城の中でも最も高い標高717mに築かれ、高低差180mの天嶮の地形を巧みに利用した要害堅固な山城で、一の門跡から折れ曲がった険しい道を上り、土岐《とき》門跡を通ると大手門跡、そして八幡曲輪がある。俄坂《にわかさか》門跡を抜けると二の丸へ。本丸へ入る本丸埋門は、本丸の北口で、裏門にあたる。石垣は野面積《のづらづみ》、打ち込み接、切込接の3種の積み方が一度に見られる日本でも珍しい場所である。六段壁や本丸周辺の石垣は「東洋のマチュピチュ」と呼ぶに相応しいほど壮大で、現在も総延長1・7kmにも及ぶ。本丸の周辺、山頂、山腹には多くの曲輪群が階段状に広がっている。岩村歴史資料館駐車場より徒歩にて約20分。

グッズ・お土産

岩村城オリジナル御城印帳

オリジナルの御城印帳。御城印や写真、チケット半券などお城の思い出が収納できるポケットがついていて、旅行日記、スタンプ帳、御朱印帳としても使える。

城郭DATA

築城年	文治元年(1185)、永正年間(1504〜21)、天正3年〜慶長年間(1575〜1615)
別名	霧ヶ城
所在地	岐阜県恵那市岩村町城山
営業時間	―
アクセス	JR中央線恵那駅から明知鉄道で30分、岩村駅下車
定休日	―
駐車場	あり(無料)
入場料	無料

御城印

岐阜県可児市

明智城《あけちじょう》

土岐氏ゆかりの水色の桔梗紋を使用

❶明智光秀生誕の地といわれている「明智荘」を記載。

❷明智光秀の家紋「桔梗紋」。光秀は土岐氏ゆかりの水色の桔梗紋を使用していたという。

御城印DATA

販売場所	明智城跡駐車場（不定期販売・2020年1月11日～2021年1月11日まで）
販売料金	300円（※協力金）

明智光秀生誕の地と伝わる城

江戸時代にまとめられた『美濃国諸旧記《みののくにしょきゅうき》』によると、美濃《みの》の守護一族であった土岐《とき》頼兼《よりかね》が、康永《こうえい》元年（１３４２）頃に美濃国明智荘《あけちのしょう》に築城した城と伝わる。「明智荘」は土岐明智氏発祥の地とされ、明智一族が代々住んでいたと記されている。明智光秀《みつひで》も生まれてから、落城するまでの約30年を過ごしたという。

バリエーション

揮毫が草書体

明智城跡の揮毫が草書体で書かれているバージョンと合わせて、現在2種販売されている。

明智城址石碑。

弘治《こうじ》2年（1556）の長良川《ながらがわ》の戦いで斎藤道三《さいとうどうさん》は、子の斎藤義龍《よしたつ》に討ち取られた。もともと道三方であった明智氏も義龍の攻撃を受けることになる。義龍軍は3700余の軍勢で2日間に渡り攻撃し、城主の明智光安《みつやす》らは自刃し、明智城は落城してしまう。光秀は、光安より明智家再興を託され逃げることに成功。落城の際、親類を頼って西美濃に落ちのびていったとされている。

明智城跡へは、名鉄明智駅から大手口まで徒歩約17分ほど。そこから、石段の山道を6分ほど登ると本丸に着く。

城跡には本丸、東出丸《ひがしでまる》、搦手曲輪《からめてくるわ》、二の曲輪、三の曲輪、西出丸、乾《いぬい》曲輪と伝わる場所があるが、後世の改変も入っているため、当時の縄張《なわばり》はほとんど残されていない。

また、二の丸近くには明智城落城時に打たれた7人の武将を葬ったとされる七ツ塚がある。西大手曲輪近くには、明智一族の供養塔とされる六親眷属幽魂塔《ろくしんけんぞくゆうこんとう》がある。

本丸には展望デッキが設置されており、眺望もよく、周辺は明智城跡散策道として整備され、ハイキングコースとしても楽しめる。

本丸跡には、高さ約4m30㎝ほどの明智光秀公ブロンズ像がある。

城郭DATA

築城年	康永元年（1342）
別名	長山城、明智長山城
所在地	岐阜県可児市瀬田
営業時間	―
アクセス	名鉄広見線明智駅から大手口まで徒歩17分
定休日	―
駐車場	なし
入場料	―

御城印

❶中央の書は明知城の別名「白鷹城」と揮毫されている。

❷中央の印は遠山氏の家紋「丸に二引両」をあしらっている。

❷下には明知城の鳥瞰イラスト、左下の印は「明智遠山藩」と入る。

岐阜県恵那市

明知氏ゆかりの3城の御城印

明知城《あけちじょう》

御城印DATA

販売場所	大正村観光案内所
販売料金	300円(税込)

武田軍と織田軍の攻防の舞台

源頼朝《みなもとのよりとも》の重臣加藤景廉《かとうかげかど》の孫にあたる遠山景重が宝治《ほうじ》元年（1247）に築城した城で、明知遠山氏代々の居城。別名白鷹城《しらたかじょう》と呼ばれ、明智光秀《あけちみつひで》の出生地とされる場所の一つである。

恵那《えな》市明智町は、信州飯田と名古屋を結ぶ中馬《ちゅうま》街道や中山道大井宿と東海道岡崎宿を結ぶ南北街道が交わる交通の要衝であった。戦国時代もこの点は変わらず、二つの道が交わる交差点を取り囲むように、明知城（白鷹城）、仲深山砦《なかのみやまとりで》、土岐明智《ときあけち》城（落《おち》合砦《あいとりで》・多羅砦《たらとりで》）の3城が構えられていた。

中でも、明知城は鎌倉時代から続く遠山明知氏の居城であり、遠山荘南部の要の地として織田軍と武田軍の攻防の舞台となった。何度か攻め入られ落城したが、関ヶ原の合戦（1600年）の際に遠山家が奪還。その後、元和《げんな》元年（1615）、一国一城令により廃城となり、行政は城下大手門近くの明知陣屋にて明治の大政奉還まで代官が行った。

城の遺構は、山頂の二つの曲輪《くるわ》と通称「出丸《でまる》」を中心として、東西400m・南北300mの城山の全域に広がる。特徴的なのは、主要な曲輪の周囲に設けられた「畝状空堀群《うねじょうからぼりぐん》」と呼ばれる遺構である。これは斜面に平行するように設けられた堀（横堀）と、斜面に直行するように設けられた複数の堀（竪堀《たてぼり》）を組み合わせたもので、斜面を伝って侵入しようとする敵兵の動きを封じる目的で築かれた。畝状空堀群を持つ城郭は、恵那市域でもごく限られており、その築かれた時期も今のところ定かではない。

　明知城は、恵那市南部では岩村《いわむら》城に次ぐ規模の城郭である。城跡は現在公園となり、散策道も設けられている。石垣は見られないものの、多くの曲輪、堀切《ほりきり》等が良好に残されている。

土岐明智城（ときあけちじょう）の御城印。明智光秀が産湯を使ったとの伝説が残る城で、多羅砦、落合砦、千畳敷砦とも呼ばれる。明智川を挟んで対岸に明知城、仲深山砦があり、山上にから明智の盆地を一望できる。印は「桔梗」紋。

仲深山砦（なかのみやまとりで）の御城印。明知城と土岐明知城の中間に位置し、「明知年譜」に書かれた万ヶ洞の砦のことを指している可能性がある。印には東濃地方をめぐって織田氏と争った武田氏の家紋「武田菱」が採用されている。

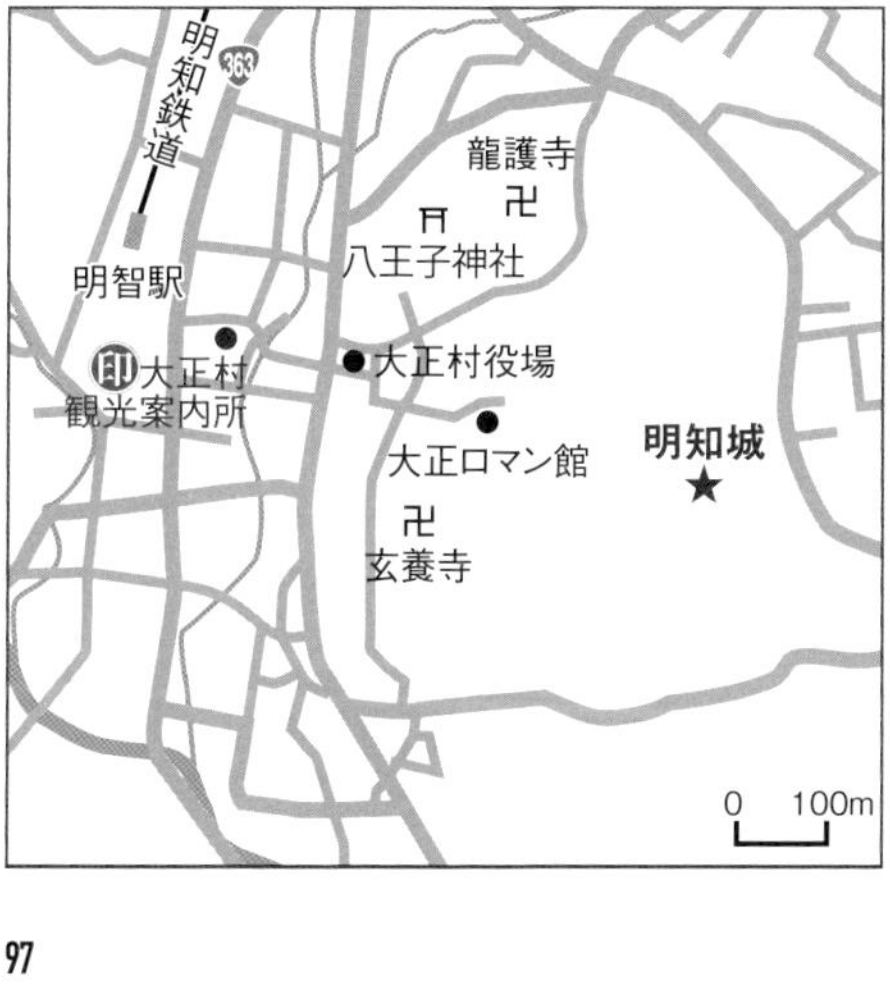

城郭DATA

築城年	宝治元年(1247)
別名	白鷹城
所在地	岐阜県恵那市明智町城山
営業時間	―
アクセス	明知鉄道「明智駅」から徒歩約20分
定休日	―
駐車場	―
入場料	無料

御城印

岐阜県大垣市

続日本100名城／市指定史跡

大垣城《おおがきじょう》

戸田家の家紋と石田三成の旗印が押されている

❶ユネスコ無形文化遺産登録として有名な、職人手漉きの本美濃和紙を使用。

❷戸田家の家紋「九曜紋」と石田三成の旗印「大一大万大吉」の朱印が押されている。

御城印DATA

販売場所	大垣城天守内
販売料金	300円（税込）

西美濃の要衝といわれたお城

美濃《みの》守護・土岐《とき》一族の宮川吉左衛門尉安定により、天文《てんぶん》4年（1535）に創建されたと伝えられる城。この時点では小規模だったが、永禄《えいろく》2年（1559）、氏家直《うじいえなお》元《もと》（卜全《ぼくぜん》）が入城して堀や土塁を築き、総構も構築して、大規模な大垣城が誕生した。

その後、慶長《けいちょう》5年（1600）、関ケ原の合戦では西軍・石田三成《いしだみつなり》の本拠地にもなり、本戦部隊が関ケ原に移動した後も壮絶な攻防戦が繰り広げられた。

戦国の世が去った江戸時代、寛永《かんえい》12年（1635）以降には戸田家11代が城主として10万石を統治し、明治まで太平の世が続いた。

大垣城の特徴は、豊富な水源を生かした巨大な総構の中に水堀を三重・四重に巡らしていた点である。中心には連郭《れんかく》式に並ぶ本丸と二の丸があり、四重天守や三重櫓《さんじゅうやぐら》などが建ち並んでいた。

昭和11年（1936）に旧国宝に指定されたが、昭和20年（1945）7月、戦災で焼失。昭和34年（1959）4月、四層四階の天守が再建され、城下町大垣のシンボルとなった。

戦災で惜しくも焼失しなければ歴史的価値の非常に高い観光名所になっていたであろう。かつての大垣城は、水堀を幾重にもめぐらせた堅城で、敷地にして現在の3倍以上、櫓の数は10を数える大変規模の大きな要塞だったと言われている。

南と東に大手、北と西を搦手《からめて》とする要害堅固な城郭であった大垣城の惣郭《そうぐるわ》には、大手、南口、柳口、竹橋口、清水口、辰の口、小橋口の七口之門があった。現在も大垣市内には、この「七口之門」の跡が残っている。その規模は、北東は清水の駐車場周辺から、南は大垣郵便局のさらに南までである。

天守台の石垣。城内の石垣の大半は美濃赤坂の金生山から切り出した石灰岩である。

おあむの松と呼ばれる松の木。関ヶ原の合戦の際、西軍に属していた大垣城も東軍による猛攻を受けた。落城寸前の大垣城から脱出し、この戦いの様子を語り継いだ女性・おあむ(おあん)は、城からの脱出の際、この松から堀の「たらい」へ乗り移った逸話がある。このおあむが見てきた大垣城籠城戦の様子は、『おあむ(おあん)物語』として後世に伝えられている。

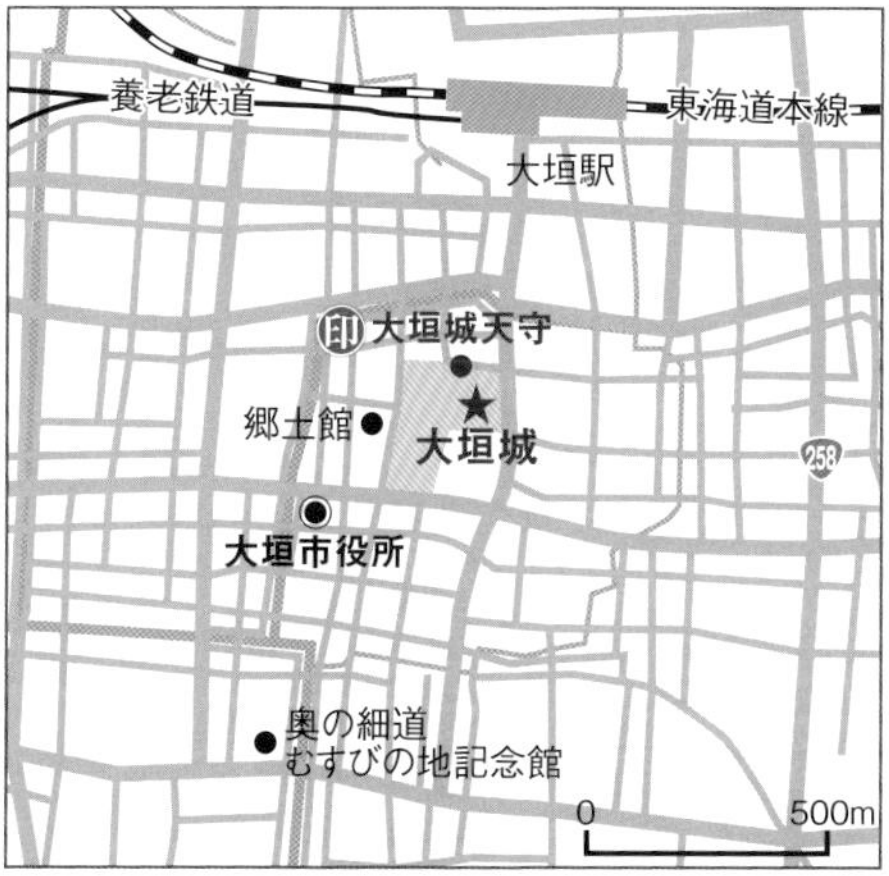

城郭DATA

築城年	天文4年(1535)
別名	巨鹿(きょろく)城、麋(び)城
所在地	岐阜県大垣市郭町2-52
営業時間	9:00〜17:00(入館は16:30まで)
アクセス	JR大垣駅南口から徒歩7分
定休日	火曜、祝日の翌日、年末年始(12月29日から1月3日)
駐車場	なし
入場料	大人200円(郷土館との2館共通券)、大人600円(郷土館・守屋多々志美術館・奥の細道むすびの地記念館との4館共通券)、高校生以下無料・団体割引あり(20人以上)

岐阜県中津川市

続日本100名城／国指定史跡

苗木城《なえぎじょう》

遠山氏ら3種の家紋がデザインされている

御城印

❶遠山氏の家紋「上り藤」と「丸の内九字（くじ）紋」がデザインされている。

❷中央には遠山氏の家紋「丸の内に二つ引」が配されている。

御城印DATA

販売場所	苗木遠山史料館
販売料金	300円（税込）

遠山氏が築き、奪回し、守り抜く

大永《たいえい》6年（1526）、遠山一雲入道昌利《とおやまいちうんにゅうどうまさとし》が築いた苗木城は、東美濃《みの》に勢威を誇った遠山一族の居城であった。

遠山氏は鎌倉時代に加藤景廉《かとうかげかど》が美濃国恵那《えな》郡に地頭職を与えられて以来、東美濃で発展し、俗に「遠山七家」とよばれるようになる。苗木城主の遠山氏も「遠山七家」の一つであり、岩村城主の遠山氏とともに、その中心的な勢力となっていた。しかし、本能寺《ほんのうじ》の変によって遠山氏の立場は不安定なものになってしまい、城は森長可《もりながよし》に落とされるが、関ヶ原の合戦の直前、遠山友政《とおやまともまさ》は徳川家康《とくがわいえやす》の命で城を奪還した。その功で一万石の大名となり、幕末まで治めた。

縄張《なわばり》は、木曽川《きそがわ》の流れを天然の水堀とし、山頂の本丸を中心に、一段下がったところに二の丸、三の丸が配されている。築城された高森《たかもり》山は、岩盤が露出するなど平坦な場所が少ないため、天守や櫓《やぐら》などの建物は崖から斜面に突き出す懸造《かけづくり》で築いていた。

曲輪《くるわ》そのものも狭く、本丸は20m四方ほどしかない。この狭い曲輪内部に天守や城主の居間である千畳敷があった。山頂には巨岩が露出しており、その巨岩を天守台として利用している。岩にはくり抜いた柱穴の跡が残っており、直接、懸造で柱を立てていたことがわかる。

城の建物は明治4年に取り壊され、現在は石垣のみが遺されている。石垣の特徴としては天然の巨岩を利用したり、また岩の上や岩を囲いながら積まれるなど、地形の制約を受けた積み方がみられることがあげられる。この規模の城では例のないほど大量の石垣を用いている。天守跡に設けられた展望台からは中津川のシンボルである恵那山、木曽川、市街地を360度見渡すことができ、絶景スポットとなっている。

バリエーション

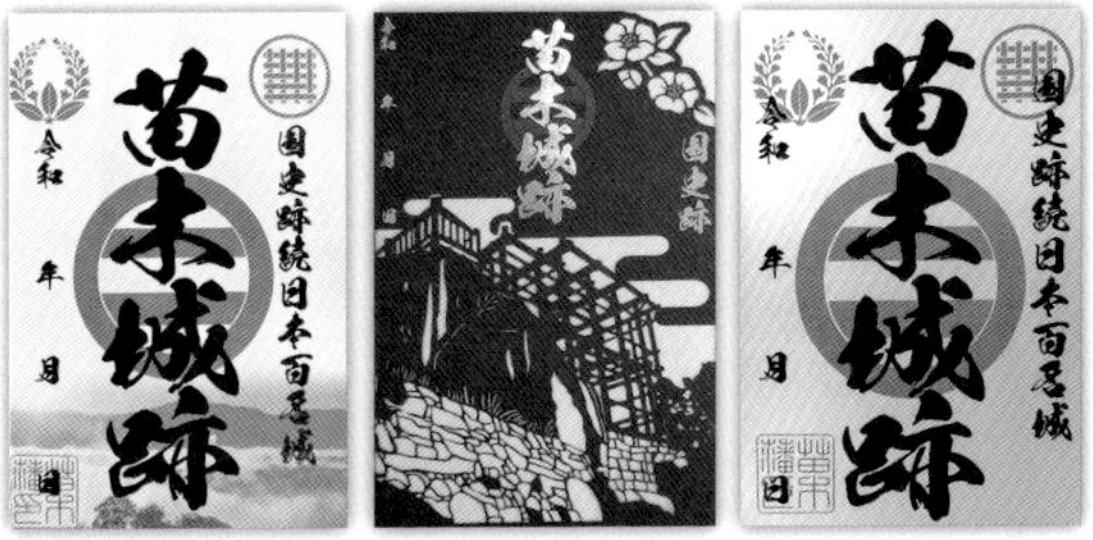

通常タイプの他に「赤壁城」「霞が城」バージョン（各300円）、切り絵タイプ「赤」「緑」（各800円）を常時販売。また史料館無料デー（約年4回程）限定販売「プレミアム御城印」（500円）もある。

天守台（天守展望台）。本丸の天守台にはかつて3階建ての天守が、山頂に露頭する巨大な岩盤を土台として築かれていた。

グッズ・お土産

……苗木城跡御城印帳……

色は赤・緑の2色があり、御城印を40枚収納できるポケットが付いている。裏側紙で記念スタンプを押すこともできる。

城郭DATA

築城年	大永6年（1526）
別名	霞ヶ城、赤壁城、高森城
所在地	岐阜県中津川市苗木
営業時間	※史料館は9:30〜17:00
アクセス	JR中津川駅前から北恵那交通バス「苗木」下車。バス停より徒歩約20分
定休日	月曜日（祝日の場合は翌日）、12月27日〜1月5日
駐車場	あり（「苗木城跡第一駐車場」または苗木遠山史料館の駐車場）
入場料	無料

岐阜県土岐市

県指定史跡

妻木城《つまぎじょう》

妻木氏の家紋「土岐桔梗」があしらわれている

御城印

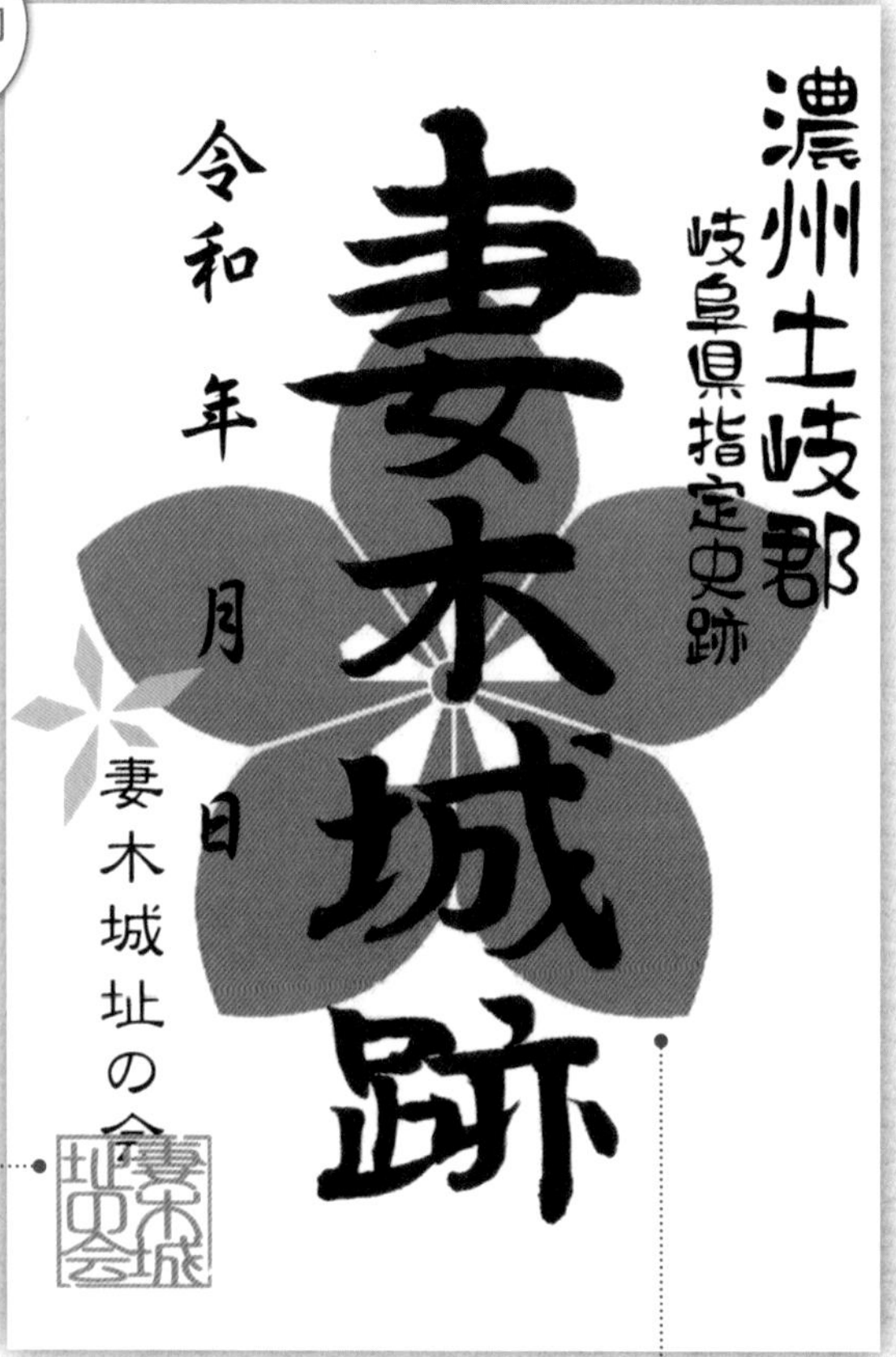

❶令和元年7月より発売されている御城印。中央の朱印は城主妻木氏の家紋「土岐桔梗」があしらわれている。

❷妻木城址の会の角印も押されている。

御城印DATA

販売場所	妻木公民館、八幡神社、崇禅寺
販売料金	200円（税込）

標高409mの山頂に築かれた城

14世紀に土岐頼貞《ときよりさだ》の孫土岐《とき》明智《あけち》彦九郎《ひこくろう》頼《より》重《しげ》が築いたとされている城。明智光秀の妻熙子《ひろこ》はここで生まれたといわれている。その後、一族である妻木《つまぎ》氏が領主となり、慶《けい》長《ちょう》5年（1600）の関ヶ原の合戦で徳川《とくがわ》家康《いえやす》に味方し、西軍である岩村《いわむら》城主の田丸勢を破った功績で土岐群内7500石を所領。交代寄合（参勤交代をする旗本）として妻木陣屋を拡張整備した。

ところが、万治《まんじ》元年（1658）に領主が急死し、跡継ぎが無かったことから妻木氏は断絶となり、妻木陣屋（妻木城）は取り壊されてしまっている。

標高409mの城山の現在は、山頂を中心に約200m四方の範囲に、曲輪《くるわ》、石垣、土塁などの遺構が残されている。北側の山麓には御殿と呼ばれる領主の館と家臣の武家屋敷が築かれ、妻木家断絶まで陣屋として存続した。時代とともに改修されてきたが、関ヶ原の合戦以後大改修されたと思われる妻木陣屋（御殿跡・士屋敷）の区画も石垣とともに残されている。山頂部分にあ

山麓の御殿跡および武家屋敷は「妻木城士屋敷跡」として県史跡に指定されている。

たる本丸と呼ばれる曲輪1、二の丸と呼ばれる曲輪2、三の丸と呼ばれる曲輪3がある。曲輪3の場所は見晴らしがよく、妻木町から土岐市北部、多治見《たじみ》市街地を一望でき、ここからも建物の礎石が確認されている。遠くには白山、御嶽山、中央アルプス、恵那山など、山々を見ることができる。

これらの主要な曲輪の南側・西側にも曲輪が広がっているが、3つの曲輪を取り巻くように横堀《よこぼり》や堀切《ほりきり》で切り離され、防御しやすいコンパクトな城になっている。これは、関ヶ原の合戦当時、家康の命を受けて行ったものだと考えられている。貴重な遺構として、山頂は「妻木城跡」、山麓の御殿跡および武家屋敷は「妻木城士屋敷跡」として、それぞれ岐阜県史跡に指定されている。

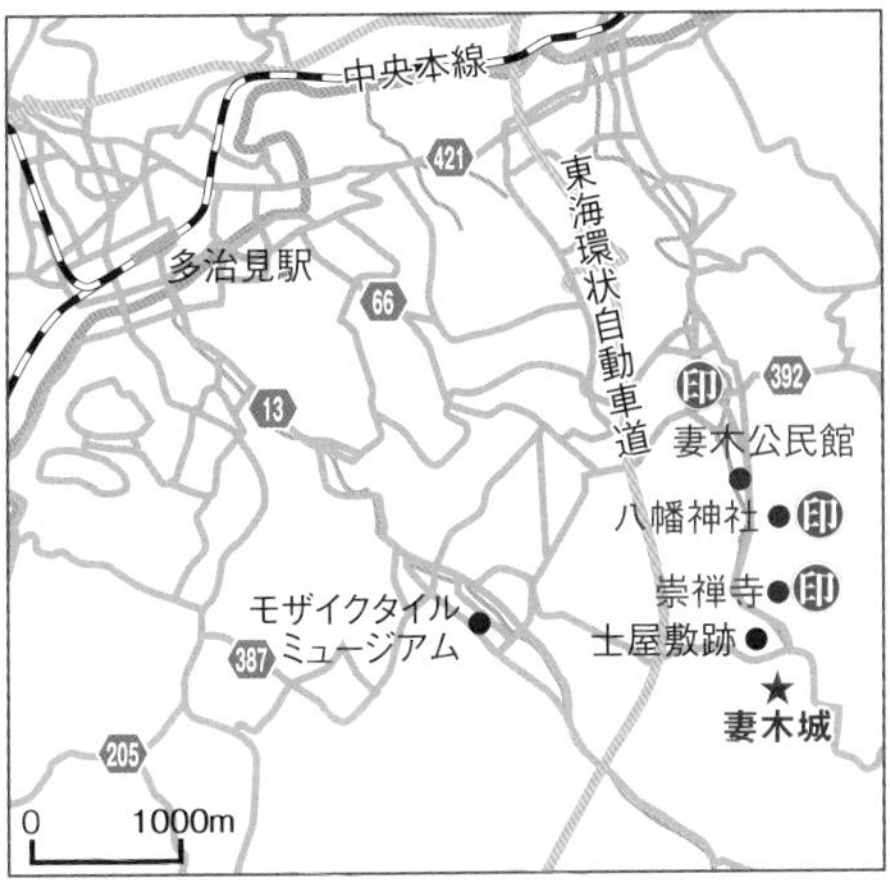

城郭DATA

築城年	14世紀
別名	乙姫城
所在地	岐阜県土岐市妻木町
営業時間	―
アクセス	JR中央線多治見駅からバス30分
定休日	―
駐車場	あり(無料)
入場料	無料

御城印

福井県三方郡美浜町

続日本100名城

佐柿国吉城《さがきくによしじょう》

「難攻不落」の印と「花菱に扇」の紋印入り

❶「難攻不落」印。永禄6年（1563）に越前朝倉勢が攻めてくるが、籠城戦で撃退する。以降、朝倉勢を悉く撃退し遂に落城しなかったことから、国吉城の代名詞として入れられている。

❷若狭国守護武田氏重臣で国吉城主粟屋氏の家紋「花菱に扇」。

御城印DATA

販売場所	若狭国吉城歴史資料館受付
販売料金	300円（税込）

難攻不落の国境の城

弘治《こうじ》2年（1556）、若狭国守護《わかさのくにしゅご》武田《たけだ》氏の重臣、粟屋勝久《あわやかつひさ》が古城跡を改修して築いたと言われる、若狭国と越前国《えちぜんのくに》の境を守る「境目の城」である。

永禄《えいろく》6年（1563）、越前朝倉《あさくら》氏の軍勢が侵攻するも、勝久は周辺の地侍や民衆と共に籠城して撃退。以降、10年にわたってほぼ毎年攻めかかる朝倉勢を退けた。その激しい戦いの様子は江戸時代に記された軍記『若州三方郡国吉籠城記』などに伝えられている。

元亀《げんき》元年（1570）4月、越前の朝倉攻めに向かう織田信長《おだのぶなが》の軍勢に加わり、後に天下統一を果たす三英傑（信長、豊臣秀吉《とよとみひでよし》、徳川家康《とくがわいえやす》）が揃って入城、この城から最初の越前攻めに向かった。

天正《てんしょう》11年（1583）には秀吉の家臣、木村定光《きむらさだみつ》が城主となり、石垣造りの城に改修したほか、城下町や各宗派の寺院の整備を行い、現在の佐柿の歴史的町並みの基礎となった。

平時は麓の居館で過ごし、有事には山上の城で敵を待ち構えた。

城郭DATA

築城年	弘治2年（1556）頃
別名	国吉城、佐柿城
所在地	福井県三方郡美浜町佐柿25−2 若狭国吉城歴史資料館
営業時間	9:00〜17:00（4月〜11月）、10:00〜16:30（12月〜3月）（入館は閉館の30分前まで）
アクセス	JR小浜線美浜駅から徒歩30〜40分
定休日	毎週月曜日（月曜日が休日の場合はその翌日）、休日の翌日、年末年始
駐車場	あり（無料）
入館料	一般100円、小人50円　※団体割引あり

周囲を見渡す東端の要塞

城郭《じょうかく》は、山頂部の山城部（詰城《つめのしろ》）と、その山麓の城主居館部（根古屋《ねごや》）で構成されており、典型的な中世の山城《やまじろ》である。

城主居館跡には谷間に段々状の平地が重なり、土塁や石垣が残されている。そこから九十九折《つづらおり》の山道を上ると中腹に二の丸と伝わる曲輪《くるわ》がある。南面に高い土塁《どるい》が築かれ、西や南から攻め上る敵を撃退した。

山頂近くには、椿峠に向かって北西に伸びる尾根に、５つの曲輪が一直線に連続して階段状に並ぶ。本丸は周囲への展望が非常に良く、東は敦賀《つるが》半島と山東の各集落、この城の砦である岩出山《いわでやまとりで》砦跡や朝倉方の陣城跡も見渡せる。北は若狭湾と天王山、西は美浜町市街地と若狭町の山々、南は御岳山が一望できる。周囲に比べれば小さな山だが、椿峠の喉元に位置し、眺望も良く、滑りやすい山肌を持つため、少人数でも守りやすく、築城に絶好の立地だったといえる。

当時の趣を残す町家と町並み

天正14年（１５８６）までに整えられた

徳川家康ゆかりの地版

令和5年(2023)中の期間限定版。国吉城と金ヶ崎の退き口PRとして発売。

観光協会版

若狭美浜観光協会発行の御城印。歴代城主家紋と美浜町観光キャラクターを配する。

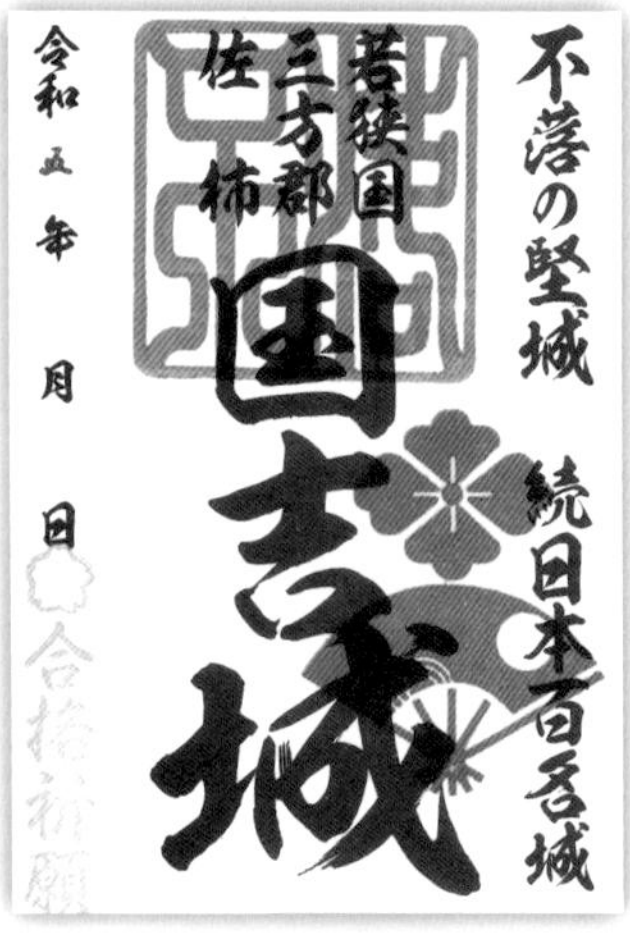

合格祈願版

「登城記念版」と同じく令和3年(2021)から販売開始。「落ちない城」にあやかり、印も「不落」に。

国吉城主武将印
【観光協会版】

若狭美浜観光協会発行の国吉城主粟屋越中守勝久の武将印。

開館10周年記念で発行した黒地に金印版が大変好評だったため、現在通常版として黒地に銀印版の御城印を販売している。（税込1,800円）

とされる城下町は、当時の城主の計画による説と、秀吉の命令による説とがある。

江戸時代初めに廃城となるが、現存する古絵図や町並みから、当時の様子が想像できる。寛永《かんえい》11年（１６３４）に小浜《おばま》藩初代藩主となった酒井忠勝《さかいただかつ》は翌年に町奉行所を設置。敦賀とともに佐柿を小浜藩東部の政治・経済の拠点と位置づけた。また、藩主の領内巡検などの際の宿泊、休憩所として、御茶屋屋敷を建てた。現在も「御陣屋《ごじんや》」と呼ばれる壮大な石垣が残っている。

北の入り口、佐柿関所《さがきせきしょ》では、旧丹後《たんご》街道を往来する人々を監視した。道幅は約６ｍで、両側に30㎝の側溝がある。佐柿のほぼ中心にある高札場には、小浜藩や幕府の定書などが掲げられた。

町家の大半は建て替えられたものの、表構の意匠は比較的統一化されている。なかでもかつての造り酒屋、小畑家住宅は、江戸時代まで遡る数少ない町家建築。ほかにも、表構は商家で、奥に土倉と牛小屋がある、商家と農家の性格を併せ持つ家も特徴的である。

多くの人々が集まる城下町、宿場町の頃の名残として、普光山青蓮寺《ふこうさんしょうれんじ》や陽光山徳賞《ようこうさんとくしょう》寺《じ》など、多くの寺院も存在していた。

平成21年春に開館した若狭国吉城歴史資料館。国吉城址と佐柿の歴史的な町並みを紹介している。石垣が残る佐柿町奉行所跡に建ち、奉行所座敷や門も公開されている。

福井県大野市

越前大野城《えちぜんおおのじょう》

〝天空の城〟にちなんだ雲と城のシルエット

御城印DATA

販売場所	越前大野城受付
販売料金	300円（税込）※入館者のみ購入可能

御城印

❶土井家の家紋「丸の内水車紋」の朱印が押されている。

❷越前大野城のシルエットがデザインされている。台紙は越前和紙を使用している。

北陸の小京都と天空の城

天正《てんしょう》3年（1575）、織田信長《おだのぶなが》の命で原政茂《はらまさしげ》とともに大野郡の一向一揆《いっこういっき》を収束した金森長近《かなもりながちか》。翌年、その恩賞として得た大野郡の3分の2の領地に、4年の歳月をかけて平山城《ひらやまじろ》の城郭を築いた。その後たびたび入れ替わった城主には、豊臣秀吉《とよとみひでよし》の一族といわれる青木一矩《あおきかずのり》や、信長の孫・織田秀雄《ひでかつ》などもいた。

江戸時代より大野は福井藩の一部となり、福井藩主・結城秀康《ゆうきひでやす》の家臣、土屋正明《つちやまさあき》が大野城主を務めた。寛永《かんえい》元年（1624）、福井藩が分割されて大野藩5万石が成立すると、結城秀康の子・松平直政《まつだいらなおまさ》が藩主となった。天和《てんな》2年（1682）、幕府大老・土井利勝《どいとしかつ》の子・利房《としふさ》が4万石で藩主に就任すると、幕末までの約180年間、8代にわたり土井氏が大野藩主を務めた。

その中でも7代利忠《としただ》は8歳で藩主に。藩政改革を命じた「更始《こうし》の令」を出し、人材育成のための藩校「明倫館《めいりんかん》」を開設するなど、苦しかった藩の財政を立て直した。

大野城の建造物は明治5年（1872）

現在は内部に城主の遺品等が展示されている。

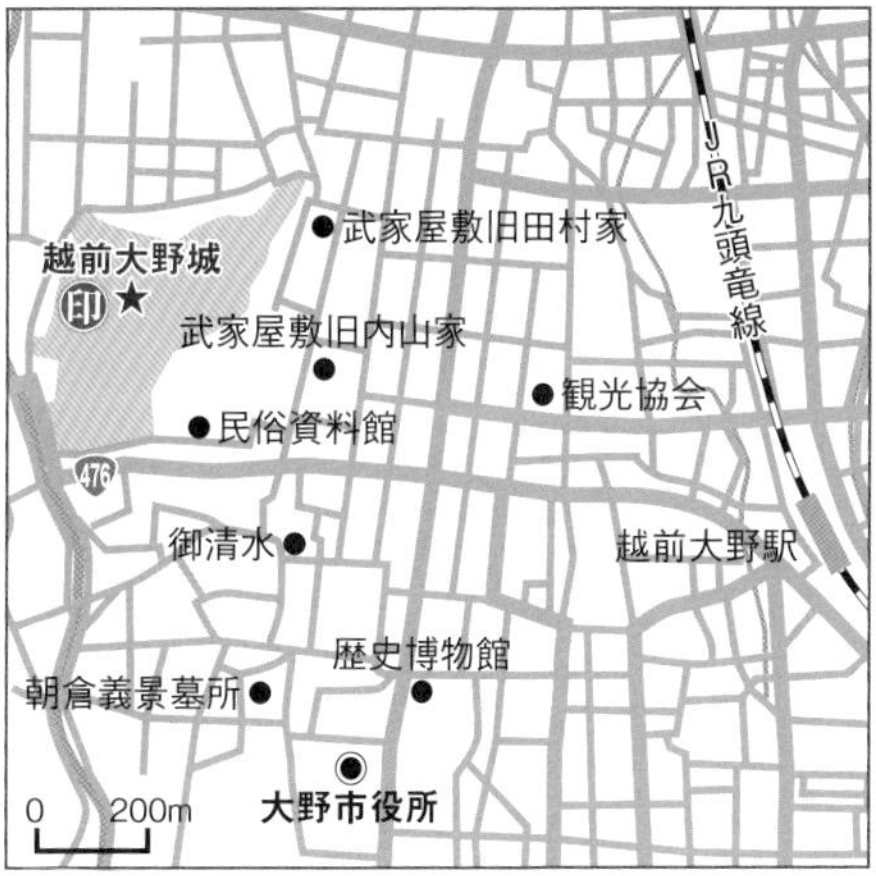

城郭DATA

築城年	天正8年（1580）
別名	亀山城
所在地	福井県大野市城町3-109
営業時間	9:00～17:00（4月～9月）、9:00～16:00（10月、11月は早朝開館する場合あり）
アクセス	JR越前大野駅から徒歩40分
定休日	12月1日～3月31日（特別開館する場合あり）
駐車場	あり（無料）
入場料	大人300円（中学生以下無料）

の入札によって、縄張《なわばり》内の「建造物」が商人など20人以上に払い下げられ、約290年の歴史に幕が下ろされた。

山頂から梯郭式に広がる城

四方を山々に囲まれた大野盆地。越前大野城は大野市の中心部にある標高約249mの亀山にそびえたっている。

本丸は山頂を切って天守台だけを残し、望楼《ぼうろう》付き二層三階建の大天守、二層二階の小天守・天狗櫓などを置いた。また、武器蔵、焔硝蔵等を配し、多聞塀が526mにわたって廻らされていた。城郭全体が梯郭《ていかく》式で、二の丸、三の丸があり、外堀・内堀をめぐらし川とつないで城を守っていた。

石垣の工法は野面積《のづらづみ》で、横矢払いの屏風流れや天守表裏鬼門除けの入隅工法、出隅等の縄を使っており、実戦的だった。

しかし、江戸時代に幾度も火災に見舞われ、とりわけ安永《あんえい》4年（1775）の被害は大きく、本丸までもが焼失した。再建されたのは寛政《かんせい》7年（1795）だが、廃藩後に城の建造物は取り壊され、石垣のみが残された。

昭和43年（1968）、旧士族の萩原貞

野面積の石垣。未加工の自然石を積み上げ、すき間に詰め石があるなど一見粗雑に見えるが、水はけがよいため風化は少なく、短期間で築けて大変堅固。

バリエーション

夏限定の
青モミジバージョン。

秋限定の
城に月がかかったバージョン。

天空の城にちなんだ
雲バージョン。

氏の寄付により絵図や同時代の城を参考に鉄筋コンクリート構造で再建されたのが現在の天守。内部は資料館として利用されている。亀山は都市公園として遊歩道が整備され、頂上にある天守からは、遠く白山連峰を望み、眼下には市街地を一望できる。

城の東側に展開された大野の城下町は、400年以上経った今もなお当時の面影を残し、古くから、越前《えちぜん》・美濃《みの》両国を結ぶ交通の要所として栄えてきた。

町人屋敷は東西・南北それぞれ6筋の通りによって短冊形に区切られ、小高い山上に築かれている天守を、敵の攻勢から防ぐ防衛機能として整備されたことがわかる。

城主が通行する大手道は、短冊形に区割りされた区画の短辺が面しているので、城主が通行する際、区画内の出迎えが最小限で済み、区画の長辺に住む町人たちは手を止めることなく商いを続けられた。このことから、城下町を造った長近は、城主の威光を知らしめるより、商工業の発展を願ったと考えられる。現在は七間通りと呼ばれ、朝市が開かれている。また、上下水道も整備され、町人にとって大変過ごしやすかったことが今もうかがえる。

雲海に浮かぶ越前大野城は、10月～4月末頃にかけて、特に11月頃が最も現れやすい。チャンスは明け方から午前9時頃までで、気象条件は前日の湿度が高い、前日の日中と翌日朝方の気温差が大きい、風が弱いことなどがあり、希少価値が高い現象。

御城印

福井県福井市
日本100名城／国指定特別史跡

一乗谷城《いちじょうだにじょう》

朝倉氏の家紋と唐門のイラストが入る

❶朝倉氏の家紋「三ツ盛木瓜」の朱印が押されている。

❷一乗谷城の遺構の一つである、唐門のイラストが入っている。

御城印DATA

販売場所	復原町並　南口窓口
販売料金	300円（税込）

戦国時代の様子を伝える遺構

朝倉孝景《あさくらたかかげ》が越前の守護《しゅご》斯波《しば》氏を破って支配権を奪取し、一乗谷に居館を移したことにはじまる。以降、義景《よしかげ》の代で織田信長《おだのぶなが》によって滅ぼされるまで100年あまり越前を統治した。

朝倉氏が本拠とした一乗谷城は、標高473mの一乗城山頂の山城《やまじろ》と麓の館、城下町から構成される。一乗谷は東西約

バリエーション

明智光秀の家紋が配された「光秀御城印」

明智の家紋が入り、「明智光秀ゆかりの地」の文言が配されたバージョンも販売されている。

500m、南北約5㎞の細長い谷底平野で、広さは278万㎡に及ぶ。

　朝倉氏はこのエリアの南北に二つの厳重な城戸《きど》（城門）を設け、整然とした城下町を守り、館の背後の山には夥しい数の畝状《うねじょう》空堀《からぼり》群（竪堀《たてぼり》）で守られた山城を築いた。この谷全体が朝倉氏の要塞となっていたのである。

　この時代、足利義昭《あしかがよしあき》をはじめ多くの名門武家や公家、教養人が京の都からこの地に逃れ、文化の花を咲かせたという。その名残として館エリアには広大な御殿や枯山水《かれさんすい》庭園、茶室などの遺構が出土した。信長《のぶなが》によって灰燼《かいじん》に帰したが、現在は復原された町並として整備、公開されている。町屋は、職人たちの暮らしぶりがわかり、武家屋敷群もまた復原されている。あわせて見れば戦国時代の城下町を体感できる。ほかにも、城戸周辺には、土塁や石垣、空堀が残っている。

　主な遺構は、山城部分が一の丸、二の丸、三の丸、千畳敷、堀切、竪堀などで、城下町部分は唐門、湯殿跡庭園、城戸跡などがある。朝倉義景の館跡は、往時の様子を伝える貴重な遺構。約80m四方の居館は三方を土塁と堀で囲まれており、主殿ほか16棟の建物跡が確認されている。

朝倉館の西正門跡に建つ唐門は、朝倉氏の時代ではないが、義景の菩提寺の門で、豊臣秀吉が寄進したと伝わる。

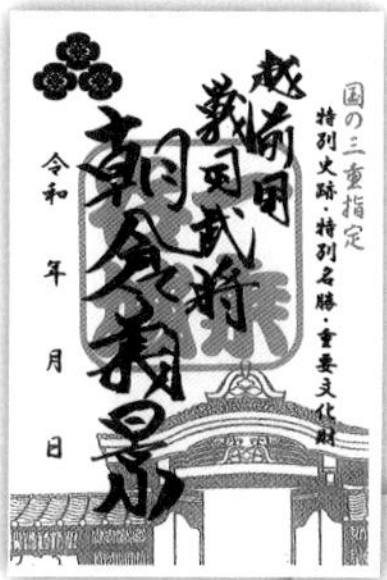

朝倉義景の武将印も2種類販売している。（税込300円）

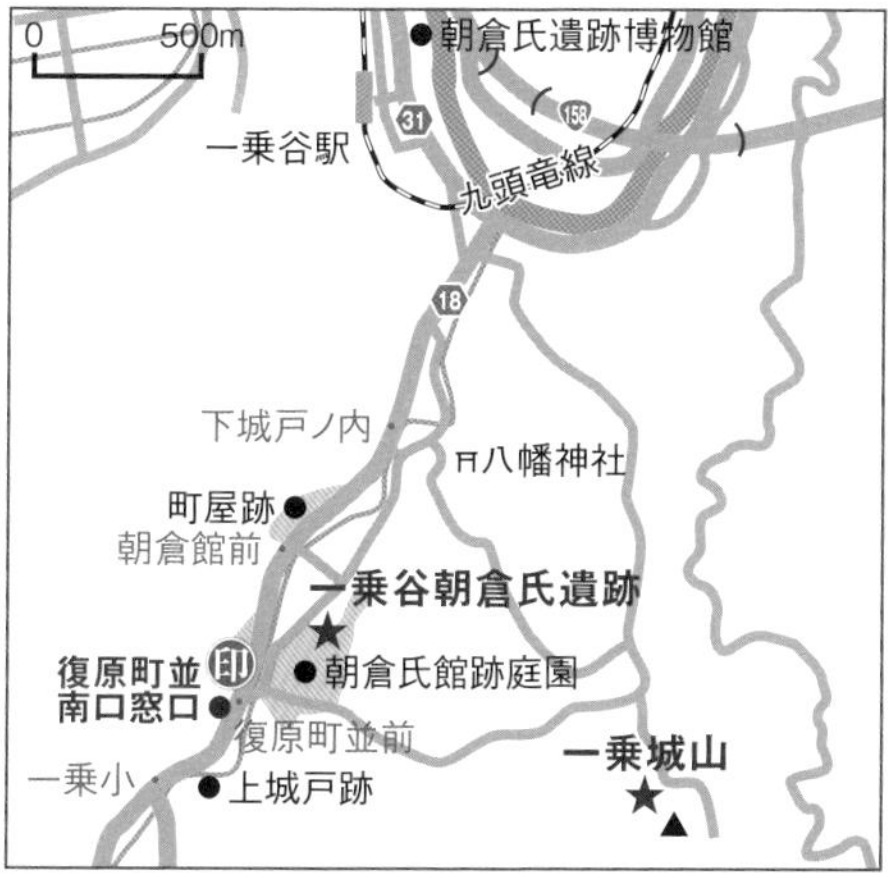

城郭DATA

築城年	15世紀後半
別名	ー
所在地	福井県福井市城戸ノ内町28-37
営業時間	ー ※復原町並は9:00～17:00（入場は16:30まで）
電話	0776-41-2330
アクセス	JR一乗谷駅から徒歩25分
定休日	一乗谷朝倉氏遺跡復原町並は12月28日～1月4日 ※復原町並を除き、冬期積雪時の見学は不適。
駐車場	あり（無料）
入場料	一般:330円、小中学生・70歳以上:100円 （復原町並入場料）

※福井県立一乗谷朝倉氏遺跡博物館は、朝倉氏遺跡から発掘され重要文化財指定を受けた遺物を中心に、朝倉氏や城下町に関する展示をおこなっている。

御城印

静岡県静岡市

日本100名城

駿府城《すんぷじょう》

静岡産のヒノキの突板で作られた御城印

❶徳川家康の家紋「三つ葉葵」があしらわれている。

❷駿府城の御城印は厚さ0・4㎜のヒノキの突板（つきいた）と和紙の素材を使った2種類ある。突板とは厚さ約0・2～3㎜の木の板のことで、高級家具や建築内装材の表面材として利用されている。静岡市出身の家具業者が突板をつくる手動式機械を開発、販売を開始し、その後静岡市の機械製作所が量産に成功したため、突板の発祥地として全国に知られるようになった。

御城印DATA

販売場所	駿府城公園　東御門・巽櫓（売店、チケット売場）、坤櫓（チケット売場）　各施設入場券販売窓口
販売料金	和紙300円、突板500円（ともに税込）

大御所政権の拠点である隠居城

室町・戦国期、約230年間今川《いまがわ》氏の本拠であった駿府今川館の跡地に、三河《みかわ》・遠江《とおとうみ》・駿河《するが》・甲斐《かい》・信濃《しなの》を領した「五カ国時代」の徳川家康《とくがわいえやす》が駿府城を築き始めた。しかし、豊臣秀吉《とよとみひでよし》に江戸《えど》への国替えを命じられ、城主は中村一氏《なかむらかずうじ》、内藤信成《ないとうのぶなり》と代わった。江戸幕府を開いた後、家康はすぐに将軍職を息子の秀忠《ひでただ》に譲って大御所《おおごしょ》となり、

バリエーション

和紙を使用したバージョン

駿府城では和紙を使用した御城印も販売されている。デザインはヒノキの突板と同じである。

主要な出入り口で、東御門橋と南・西の多門櫓、高麗門、櫓門で構成される枡形門。石落としや鉄砲狭間、矢狭間などがあり、実戦的な造りである。

再び駿府に拠点を置いて修築に着手。駿府の町割りや安倍川の治水工事に取り掛かり、慶長12年（1607）には本丸《ほんまる》が完成するも、同年に焼失。直ちに再建されて、翌年には本丸御殿、その2年後には天守《てんしゅ》を完成させた。晩年を過ごした隠居城とはいえ、家康は大御所政治の拠点としてこの城で采配をふるい、江戸との二元政治を遂行した。

駿府城は江戸をしのぐ政治、経済、文化の中心地となったのである。元和《げんな》2年（1616）の家康亡き後、十男・頼宣《よりのぶ》、家光《いえみつ》の弟・忠長《ただなが》が城主となったが、忠長の改易後は幕府領となって城代が置かれた。

寛永《かんえい》12年（1635）の大火で、天守をはじめほとんどの建物が焼失。櫓《やぐら》や門などは再建されるが、天守は再建されず、以降、建物の規模も次第に縮小していった。

戦後、駿府公園（のちに駿府城公園）として再建された櫓や門、かつての堀はもちろん、中央には、晩年の家康公の像や県指定の天然記念物となっている家康公手植のミカン、駿河の国の名勝を織り込んだ4つの庭のある紅葉山《もみじやま》庭園、日本一大きい駿府城跡天守台の発掘調査場など、最盛期の駿府城の姿が再び浮かび上がっている。

復元された3階まである建物内部がスケルトン構造になっている坤櫓は1階から3階の梁まで見通すことができ、伝統的な工法をつぶさに観察することが可能。

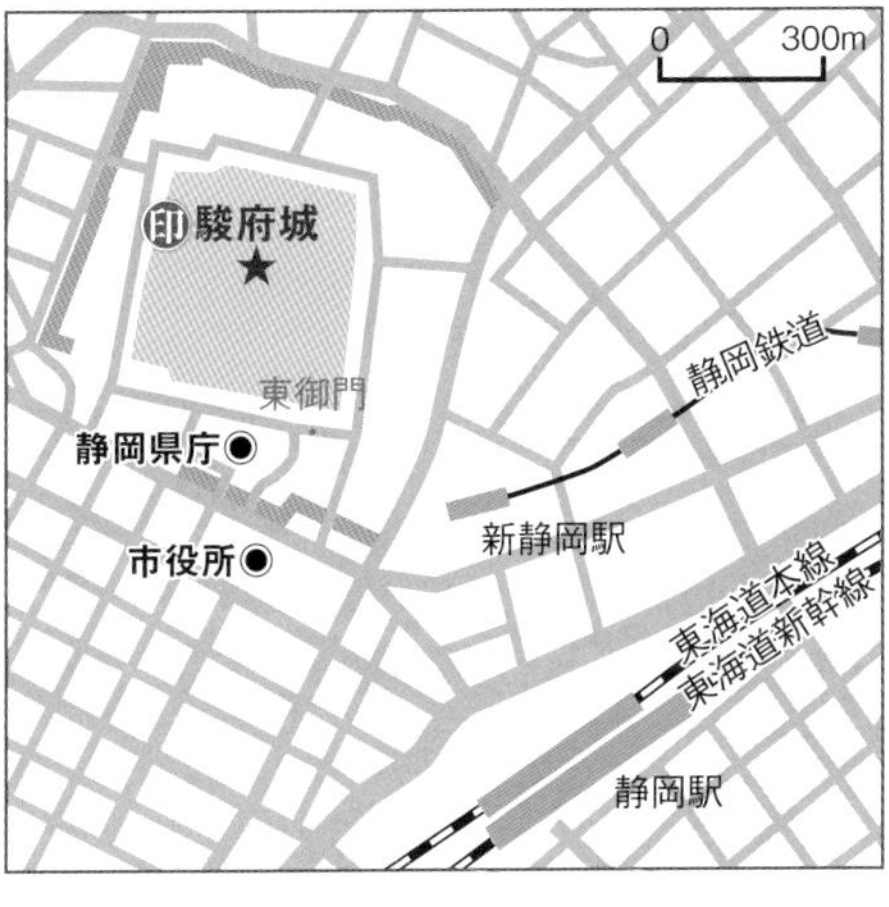

城郭DATA

築城年	天正13年（1585）、慶長12年（1607）
別名	府中城、静岡城
所在地	静岡県静岡市葵区駿府城公園1-1
営業時間	9:00～16:30（入館は16:00まで）
アクセス	JR静岡駅から徒歩約15分
定休日	月曜日（祝日・休日にあたる場合は休館振替なしで営業）、12月29日～1月3日
駐車場	なし（近隣有料駐車場あり）
入場料	3施設共有券 大人360円、小人120円

御城印

静岡県浜松市

続日本100名城／市指定史跡

浜松城《はままつじょう》

徳川家の三つ葉葵と模擬天守のシルエット

❶中央の朱印は徳川家の家紋「三つ葉葵」をあしらっている。

❷右下の朱印は再建された模擬天守のシルエットを用いている。

御城印DATA

販売場所	天守閣売店
販売料金	300円（税込）

家康が遠江進出の拠点とした城

永禄《えいろく》11年（１５６８）、三河から東進し、今川《いまがわ》領の制圧を開始した徳川家康《とくがわいえやす》は、駿府に攻め込んできた武田信玄の侵攻に備え、遠州一帯を見渡せる三方ヶ原《みかたがはら》の丘に着目。永正《えいしょう》年間（１５０４〜２１）に今川貞《さだ》相《すけ》が築城した曳馬《ひくま》城を調略。そして元亀《げんき》元年（１５７０）、岡崎《おかざき》城を長男の信康《のぶやす》に譲り、地名を浜松と改め、大改修を施した。

その浜松城の城郭は南北約５００ｍ、東西約４５０ｍ。三方ヶ原台地の斜面に沿い、西北の最高所にある天守曲輪をはじめ、本丸、二の丸、三の丸と、ほぼ一直線に並び、各曲輪が隣接しながら階段状になっている「梯郭式」の築城法をとっている。

29歳〜45歳までの17年間を浜松城で過ごした家康だが、元亀元年（１５７０）の姉《あね》川《がわ》の合戦、天正《てんしょう》12年（１５８４）の小牧《こまき》・長久手《ながくて》の戦いもこの期間中の出来事である。中でも元亀3年（１５７２）の三方ヶ原の合戦は、関ヶ原の合戦以上の激闘であったと伝えられ、家康の生涯でも最大の敗戦といわれている。

「出世城」の異名を持つ

家康が駿府城に移ったあとの浜松城は、代々の徳川家とゆかりのある譜代大名が守り、藩政260年の間に、実に25代の城主が誕生している。歴代城主の中には老中や大坂城代、京都所司代など、幕府の要職に登用された者も多いことから、浜松城はのちに「出世城」と呼ばれるようになった。

明治維新後、城郭は壊され荒廃していたが、昭和33年（1958）、野面積《のづらづみ》の旧天守台の上に新天守を再建、翌年には浜松市の史跡に指定された。また、平成26年（2014）には天守門が復元されている。

往時の石垣の上に新天守が再建された浜松城。近年、復興された天守門は天守台の東に位置する櫓門で浜松城の特徴的な存在だ。

天守からは、北に三方ヶ原古戦場、南に遠州灘、西に浜名湖をのぞむことができる。春にはソメイヨシノをはじめ、華やかな花々が楽しめる。

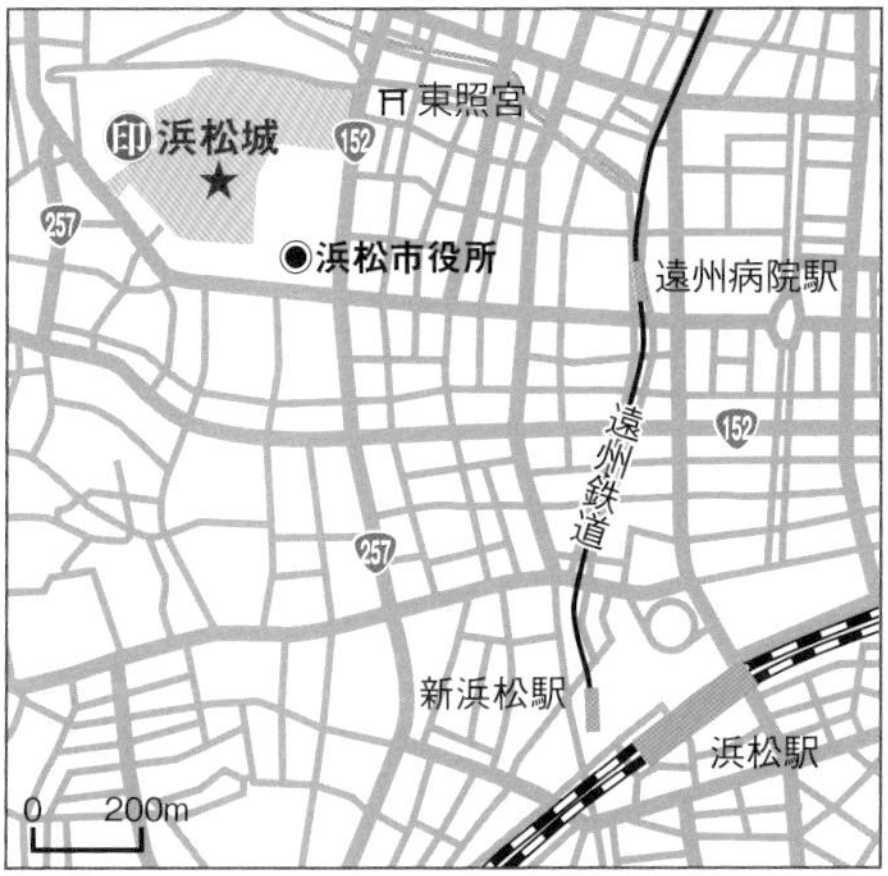

城郭DATA

築城年	元亀元年（1570）
別名	出世城
所在地	静岡県浜松市中区元城町100-2
営業時間	8:30～16:30
アクセス	JR浜松駅よりバス7分または徒歩15分
定休日	12月29日～31日
駐車場	あり（有料）
入場料	大人200円（高校生以上）

御城印

静岡県島田市

続日本100名城／国指定史跡

諏訪原城《すわはらじょう》

３人の武将に由来した家紋を配した御城印

❶朱印は諏訪原城を治めた３人の武将に由来し、上段が武田家の「武田菱」、中央右が今川氏の「赤鳥紋」。

❷下段には徳川家の家紋「徳川葵」が配されている。

御城印DATA

販売場所	諏訪原城ビジターセンター及び島田市博物館本館
販売料金	300円（税込）

武田流築城術の典型的山城

天正《てんしょう》元年（１５７３）、遠江《とおとうみ》侵攻の拠点とするため、武田勝頼《たけだかつより》が家臣の馬場美濃守信春《ばばみののかみのぶはる》に命じて築城。名前の由来は、城内に諏訪大明神を祀ったことによるといわれる。駿河《するが》から遠江に入る要衝で、高天神城《たかてんじん》攻略のための陣城となり、攻略後は兵站《へいたん》基地となった。

長篠《ながしの》・設楽原《したらがはら》の戦いで織田《おだ》・徳川《とくがわ》連合軍に大敗した武田軍は、天正３年（１５７５）、反攻に転じた徳川家康《いえやす》によって諏訪原城も攻め落とされた。牧野《まきの》城と改名された後、今川氏真《いまがわうじざね》や松平家忠《まつだいらいえただ》らが城番となった。『家忠日記』によれば、堀普請や塀普請など、度重なる改修が行われたとある。

天正９年（１５８１）、高天神城が落城。翌年には武田氏が滅亡して徳川家康も関東に移り、この城の存在意義が薄れたため、天正18年（１５９０）頃に廃城になったと思われる。

東海道沿いの牧之原台地に、大井川《おおいがわ》が流れる絶壁を背にして本曲輪《ほんぐるわ》を置き、その前面を二の曲輪が大きく取り巻く、後堅固《うしろけんご》の教科書的立地。本曲輪を要にたとえ、曲輪が扇状に広がっていることから、扇《おうぎ》城とも呼ばれるようになった。

本曲輪は富士山や大井川を望む台地に立地し、二の曲輪は広大で、遠く甲斐《かい》国を望むことができた。中央部分には、現在も仕切土塁《どるい》が残っている。外堀は二の曲輪の西から南側にかけて、幅約15～25mの規模で掘削されており、城内で最大の横堀《よこぼり》となっている。また、最大の特徴であり、防御の中心となったのが丸馬出《まるうまだし》。これは武田流築城術の一つで、攻撃のために備えられた三日月掘と曲輪がセットになった虎口《こぐち》前の空間のことを指す。防御性を高めつつ味方が出撃する拠点にもなっており、現存する6つの馬出が虎口の全面を強固に守っていた。発掘調査の結果により、現在見ることのできる堀や曲輪は、徳川氏時代のものと考えられている。

二の曲輪前面にある2か所の巨大な丸馬出の一つ、中馬出。三日月堀は現状で、長さ約100m、幅約20m、深さ約9mにもなる。

二の曲輪北馬出の復元された薬医門。

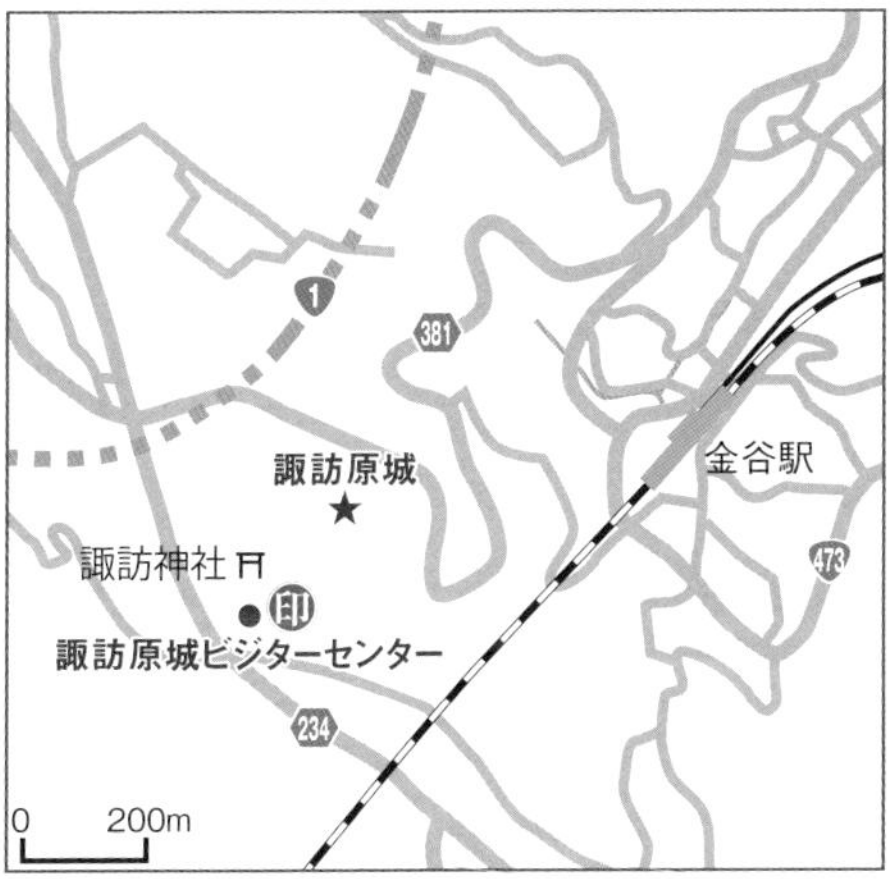

城郭DATA

築城年	天正元年(1573)
別名	牧野原城、牧野城、扇城
所在地	静岡県島田市菊川1174
営業時間	10:00～16:00
アクセス	JR「金谷駅」から徒歩30分
定休日	月曜日(休日の場合は直後の平日)、12月29日～1月3日
駐車場	あり(無料)
入場料	無料

愛知県名古屋市

日本100名城

名古屋城《なごやじょう》

徳川家の家紋「三つ葉葵」をデザイン

御城印

❶中央に徳川家の家紋「徳川葵」をあしらっている。

❷国内屈指の城郭として、国の特別史跡に指定されている。

御城印DATA

販売場所	内苑売店、正門横売店
販売料金	300円(税込)

家康が築いた、近世城郭の到達点

名古屋城の前身、戦国時代の今川家の支城として建てられた那古野《なごや》城は、織田信長《おだのぶなが》が幼少期を過ごした城。関ヶ原の合戦に勝利した徳川家康《とくがわいえやす》は、慶長《けいちょう》15年（1610）、大坂の豊臣秀頼《とよとみひでより》を牽制するための東海地方の要の城として、名古屋城の築城を開始した。

築城を命じられたのは、加藤清正《かとうきよまさ》、福島《ふくしま》正則《まさのり》、黒田長政《くろだながまさ》など、豊臣家に従ってきた西国大名20家。これを天下普請《てんかぶしん》という。普請による築城には、彼らの経済力を削ぐ目的もあったとされている。

名古屋城の築城がはじまった慶長15年（1610）は、天正《てんしょう》4年（1576）の安土《あづち》城築城によって確立されたといわれる近世城郭築城技術の完成期にあたる。そのため、徳川の威信をかけた名古屋城には、当時の最新の技術が注ぎこまれた。

金鯱を頂く五層五階の天守は史上最大級で、最新形式の層塔型。狩野《かのう》派の絵師による障壁画や豪華な飾金具などをしつらえた本丸御殿は、武家風書院造の代表的な建築とされている。他の城郭の天守に匹敵する

巨大な隅櫓《すみやぐら》、広大な二之丸庭園、高い石垣と深い堀、堅固で巧妙な縄張《なわばり》などを備え、近世城郭の完成形といえるものであった。

家康の子・義直《よしなお》が初代藩主として入り、名古屋城から大坂冬の陣・夏の陣へ出陣。その後、江戸260年を通じて御三家筆頭・尾張徳川家の居城として栄える。築城にあわせて清須から町ぐるみの引越し「清《きよ》須越《すごし》」が行われ、現在の名古屋の街の原型となる、碁盤割の城下町が形成された。

大天守、小天守、御殿は第二次世界大戦の空襲で焼失したが、昭和34年（1959）に天守を再建。御殿の障壁画などは空襲に備え取り外して保管されていたため、焼失を免れ現存している。往時の姿をよく伝える国内屈指の城郭として、国の特別史跡に指定されている。

史上最大級の延床面積を誇った五層五階地下一階の建造物で、城郭としては旧国宝第一号に指定された。

近世城郭御殿の最高傑作とたたえられるほどだった本丸御殿は空襲により焼失したが、平成21年（2009）から約10年の工期を経て、平成30年（2018）に完成公開を迎えた。江戸幕府将軍家光の宿泊のために建造された最も格式が高い「上洛殿」や「湯殿書院」の優美な姿も公開している。

城郭DATA

築城年	慶長20年（1615）
別名	金城、金鯱城
所在地	愛知県名古屋市中区本丸1番1号
営業時間	9:00～16:30（本丸御殿、西の丸御蔵城宝館への入場は16:00まで）
アクセス	名古屋市営地下鉄「名古屋城」駅下車
定休日	12月29日～12月31日、1月1日（催事等により変更の場合あり）
駐車場	あり（有料）
入場料	大人500円（中学生以下無料）

愛知県豊田市

武節城《ぶせつじょう》

裏面にも武節城伝説のイラスト入り

御城印

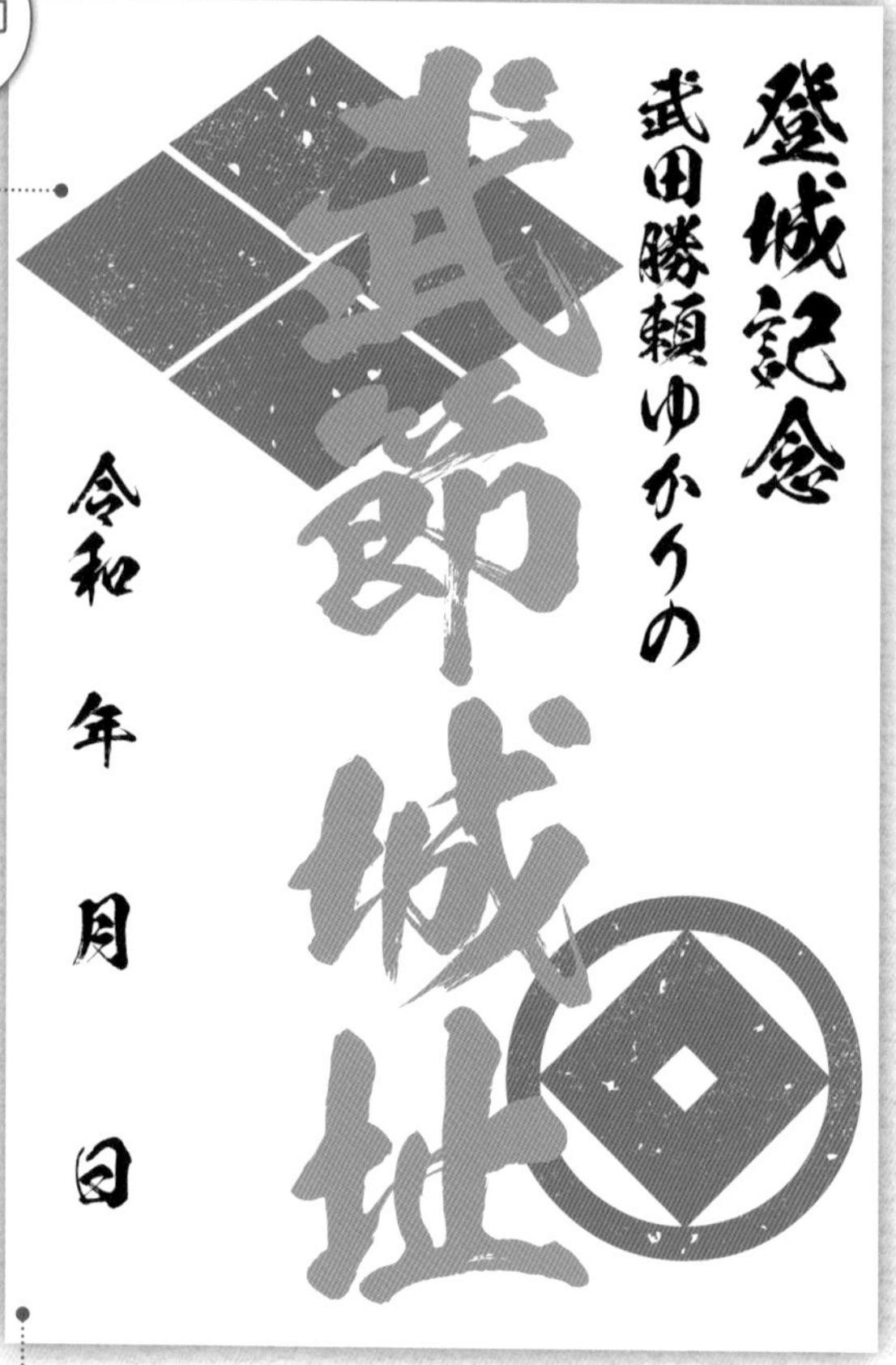

❶左上の家紋は武田家「武田菱」、中央右の家紋は武節城主・菅沼家「釘抜紋」。

❷「武田」バージョンの御城印。販売時期は春／3月～5月。武節城の御城印は、裏面に伝説をモチーフにしたイラストを施している。

御城印DATA

販売場所	豊田市稲武どんぐり工房（9:00～17:00、木曜定休・年末年始）、道の駅どんぐりの里いなぶ観光案内所（10:00～16:00、木曜定休・年末年始）
販売料金	500円（税込）

裏面には武田勝頼が長篠の合戦にて敗走の際、梅酢湯一杯で命を永らえたと伝わる梅酢湯伝説が描かれている。

三国国境にある情報の発信地

田峯《だみね》城主の菅沼定信《すがぬまさだのぶ》が、その支城として築いた戦国時代の城。信濃《しなの》・美濃《みの》・三河《みかわ》、3国の国境にあり、三河の最前線基地として、敵の情勢を狼煙《のろし》で味方に伝える情報網の中心であった。そのため武田《たけだ》・徳川《とくがわ》に重要視されてたびたび戦火に巻き込まれ、武田方になったり徳川方になったりを繰り返した。1570年代から武田配下にあったが、一度、家康《いえやす》の長男信康《のぶやす》の初陣で攻め落とされる。

天正《てんしょう》3年（1575）の長篠《ながしの》の戦いで敗走し落ち延びた武田勝頼《かつより》を、梅酢湯《うめずゆ》でもてなした言い伝えもある。同年、織田《おだ》・徳川の軍が奥平貞能《おくだいらさだよし》・信昌《のぶまさ》父子とともに武節城を攻めた。落城後は奥平父子に与えられた。

武節城外観。稲武地区にある道の駅「どんぐりの里いなぶ」のすぐ東にある。

天正18年（１５９０）、最後の城主となった信昌が家康の関東移封に従って転封《てんぽう》となり、１５０年ほど続いた武節城は廃城となった。

現在は本丸をはじめとする5つの曲輪《くるわ》と切堀《きりぼり》、土塁《どるい》、狼煙台などの跡を見ることができる。ほかにも、弘治《こうじ》2年（１５５６）の武節谷合戦の際、信濃の下条信氏《しもじょうのぶうじ》に攻められた末、落城。そのときの姫が「敵の手にかかるよりは」と身を投げたと伝えられている姫井戸が残っている。

また稲武《いなぶ》の町には、当時のなごりとしてシロ山、関屋、大門、古町屋、屋敷といった地名が残っており、古い町並みの一角には、戦国時代に武田軍も通ったであろう当時の旧街道が残っている。

バリエーション

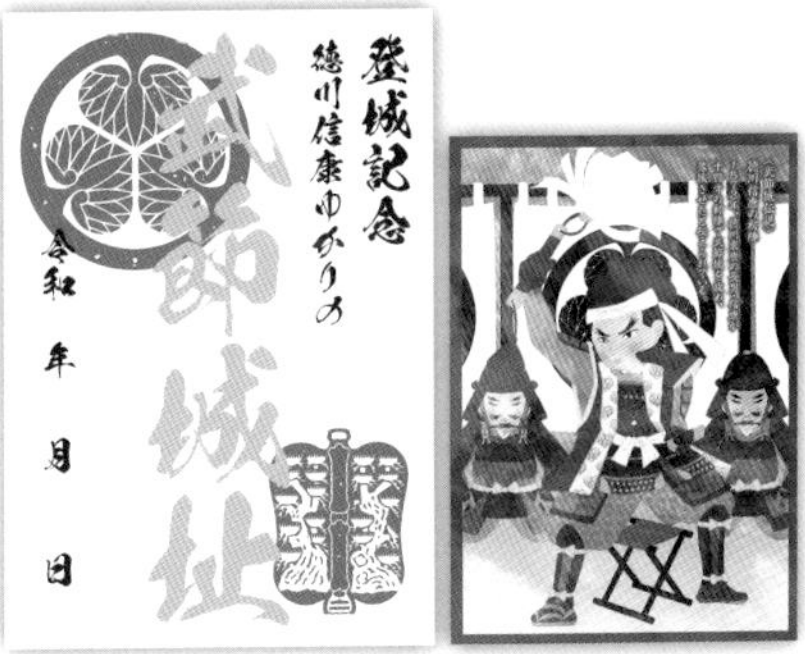

季節ごとにバージョンが異なり武節城伝説を裏面に掲載

9月～11月は姫井戸伝説、12月～2月は信康初陣、3月～5月は長篠の合戦、6月～8月は武田との密通の事件のイラストが施されている。

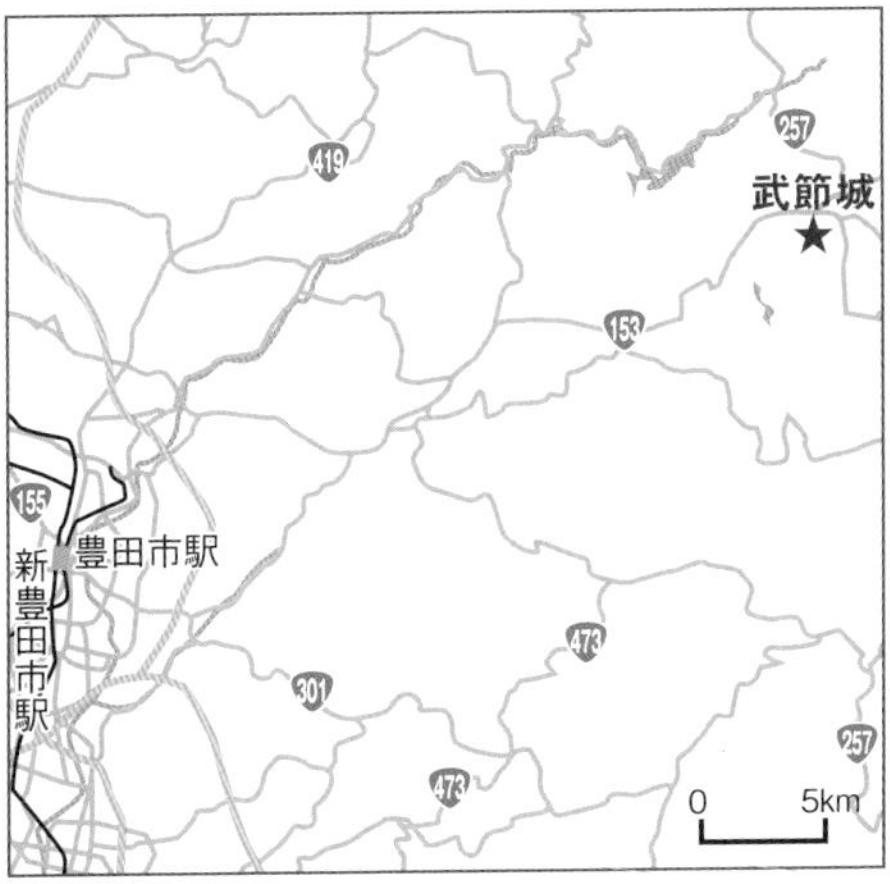

城郭DATA

築城年	永正年間（1504～21）
別　名	地伏城
所在地	愛知県豊田市武節町シロ山
営業時間	―
アクセス	名鉄「豊田市」駅から車で約1時間
定休日	―
駐車場	あり（無料）
入場料	無料

御城印

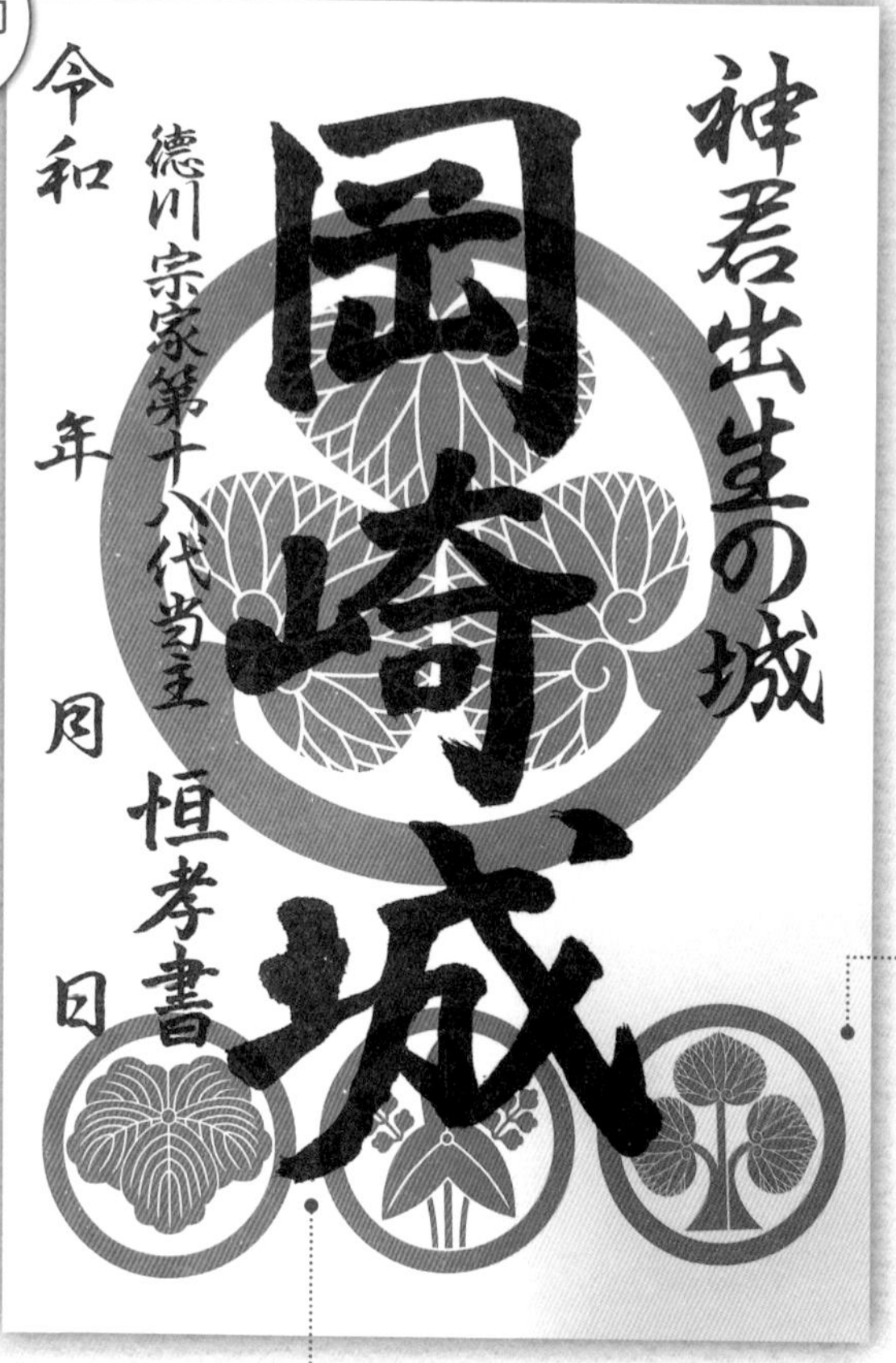

❶徳川宗家第18代当主、徳川恒孝氏の揮毫。

❷徳川家の「三つ葉葵」の他、歴代城主である本多氏の「丸に立ち葵紋」、水野氏の「沢瀉紋」、松平氏の「蔦紋」が並ぶデザイン。

愛知県岡崎市

日本100名城

岡崎城《おかざきじょう》

葵紋を中心に歴代城主の家紋が並ぶ

御城印DATA

販売場所	岡崎城御城印販売所
販売料金	300円（税込）

三河武士の聖地となった家康誕生の城

徳川家康《とくがわいえやす》出生の城。15世紀前半に西郷頼嗣《さいごうよりつぐ》が明大寺《みょうだいじ》の地に築城したことにはじまり、享禄《きょうろく》4年（1531）に家康の祖父である松平清康《まつだいらきよやす》が砦のあった現在の位置に移して以来、岡崎城と称されるようになった。長く人質生活をした後、この城を拠点に天下統一への礎を築いた家康にちなんで、江戸時代には「神君《しんくん》出生の城」として神聖視される。

元亀《げんき》元年（1570）、家康は本拠を遠江浜松（静岡県浜松市）に移し、嫡男信康《のぶやす》を岡崎城主とした。天正《てんしょう》7年（1579）に信康が自刃した後、重臣の石川数正《いしかわかずまさ》につぎ、本多重次《ほんだしげつぐ》を城代とする。しかし、天正18年（1590）に家康が秀吉《ひでよし》によって関東に移されると、秀吉の家臣田中吉政《たなかよしまさ》が城主となった。西郷氏が築いた当初は、城域が本丸程度の砦のようなものであった城も、家康の頃までには近世の城郭としての原型ができていた。田中吉政は大規模な城郭の整備拡張を行い、文禄《ぶんろく》元年（1592）には城の東・北・西に総延長4・7kmに及ぶ総堀を造ったという。城郭の整備にともない東海道が城下に引き入れられ、慶長《けいちょう》14年（1609）には伝馬町ができ、岡崎は東海道有数の宿場町として繁栄するにいたる。

　家康が江戸に幕府を開いてからは、本多《ほんだ》氏（康重系統）、水野《みずの》氏、松平《まつだいら》（松井《まつい》）氏、本多氏（忠勝系統）と、家格の高い譜代大名たちが岡崎城を守った。石高こそ5万石と少なかったものの、大名は岡崎城主となることを誇りにしたと伝えられている。

　元和《げんな》3年（1617）本多康紀《やすのり》のときは、三層三階地下一階で、東に井戸櫓、南に附櫓をもつ複合天守が建てられた。明治6年から7年にかけて城郭の大部分が取り壊され、堀と石垣が残るばかりであった。だが、この城を象徴として愛する岡崎市民の強い要望により、昭和34年（1959）には、ほぼ昔どおりの外観の天守が復興された。

天守は昭和34年に鉄筋コンクリート造で付櫓、井戸櫓とともに再建された。最上階の高欄は新たに付け加えたもの。

東照公産湯の井戸。天文11年（1542）12月26日に岡崎城内で誕生した竹千代君（家康公）の産湯に、この井戸の水が用いられたことから開運スポットにもなっている。2015年に井戸の水を汲み上げ直接水に触れられるようになった。

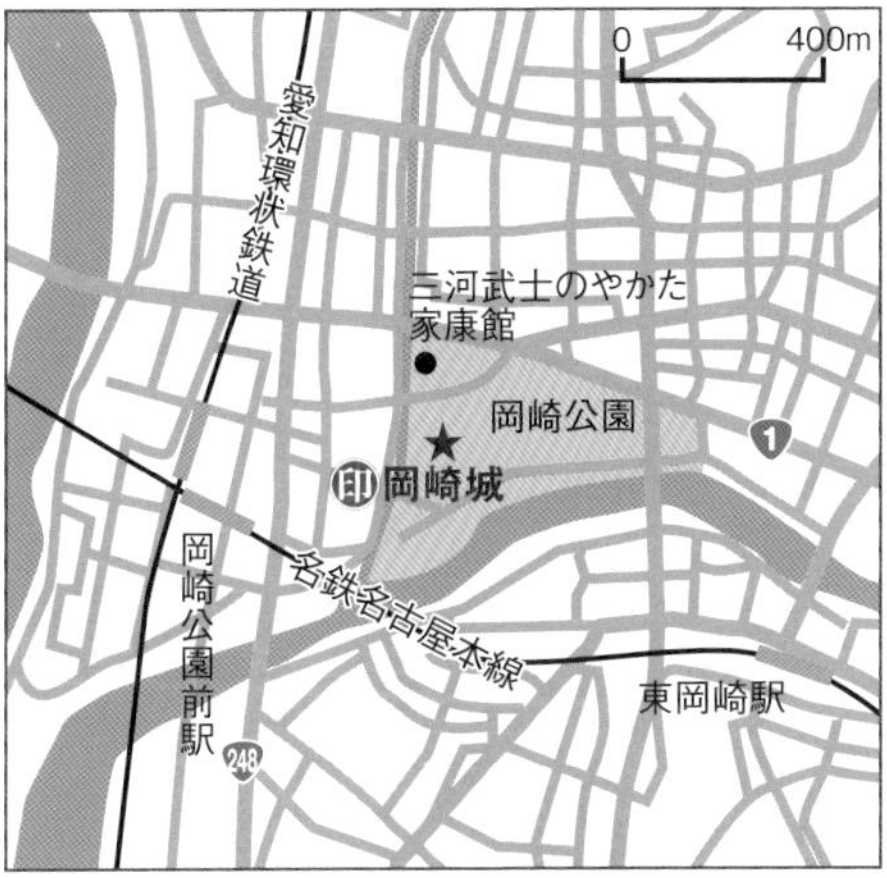

城郭DATA

築城年	15世紀前半
別名	竜ヶ城、龍ヶ城
所在地	愛知県岡崎市康生町561番地1
営業時間	9:00～17:00（入館16:30まで）
アクセス	名古屋鉄道「東岡崎」駅徒歩15分
定休日	12月29日～12月31日（2023年は無休）
駐車場	有料（30分150円）
入場料	大人300円、子供（5歳以上）150円

御城印

❸ユネスコ無形文化遺産の美濃和紙を使用している。

❷背景の朱印は犬山城にゆかりのある歴代城主の家紋をあしらっている（上から時計回りに徳川家「三つ葉葵」、織田家「織田木瓜」、豊臣家「五七桐」、成瀬家「かたばみ」）。

❶書は地元の書家・松浦白碩氏が揮毫したもの。

愛知県犬山市

日本100名城／国宝

犬山城《いぬやまじょう》

犬山城ゆかりの城主の家紋をあしらう

御城印DATA

販売場所	犬山城前観光案内所
販売料金	300円（税込）

木曽川にたたずむ国宝天守

天文《てんぶん》6年（1537）に織田信長《おだのぶなが》の叔父・信康《のぶやす》によって創建された城。天守は現存する日本最古の様式である。

永禄《えいろく》8年（1565）に信康の子・信清《のぶきよ》は従弟にあたる信長に奪い取られ、信長の家臣で乳兄弟にあたる池田恒興《いけだつねおき》が城主となった。

天正《てんしょう》12年（1584）には秀吉《ひでよし》対徳川家《とくがわいえ》康《やす》と信長の次男・信雄《のぶかつ》との間で「小牧《こまき》・長《なが》久手《くて》の戦い」が始まった。当時の城主は信雄の家臣・中川定成だったが伊勢出兵中で不在であったため、信長の死後に秀吉の家臣となった池田恒興が木曽川を渡って奪い取り、秀吉軍の本拠地となった。

慶長《けいちょう》5年（1600）の関ヶ原の合戦で、犬山城は西軍側（石田《いしだ》三成《みつなり》軍）の前線基地だったが、前哨戦で東軍（徳川家康軍）に攻略された。関ヶ原の合戦後は、徳川家の支配下となった。

江戸時代に入り、家康の側近・成瀬正成《なるせまさなり》が2代将軍・秀忠《ひでただ》より拝領し、代々成瀬家が城主を務めた。明治時代には県の所有になったものの、明治24年（1891）の濃尾震災で天守も被害を受け、県では修理ができなかったため、成瀬家に修理を条件に譲渡され、平成16年（２００４）まで、日本で唯一の個人所有の城として知られてきた。

天守内の見どころは太い梁、急な階段、武具の間や唐破風の間、武者走りなど。木曽川のほとりの小高い山の上に建てられた天守最上階からの眺めは絶景である。

別名である「白帝城」の御城印（税込300円）も販売されている。

犬山城は、木曽川に突出した小高い山の上に建てられた「後堅固《うしろけんご》の城」で、二重の堀を持ち、城下町を囲い込む総構えだった。

現存天守は三重四階地下二階。付櫓が付属し、最上階に高欄と廻縁がめぐる望楼型は南側に施された唐破風《からはふ》や東西の入母屋破《いりもやは》風《ふ》、四階の華頭窓など、意匠にすぐれている。廻縁からは３６０度の大パノラマが広がり、絶景を一望できる。晴天の日は信長が一時居城とした岐阜《ぎふ》城を望めることもある。

春には犬山祭が催され、多くの観光客で賑わう。

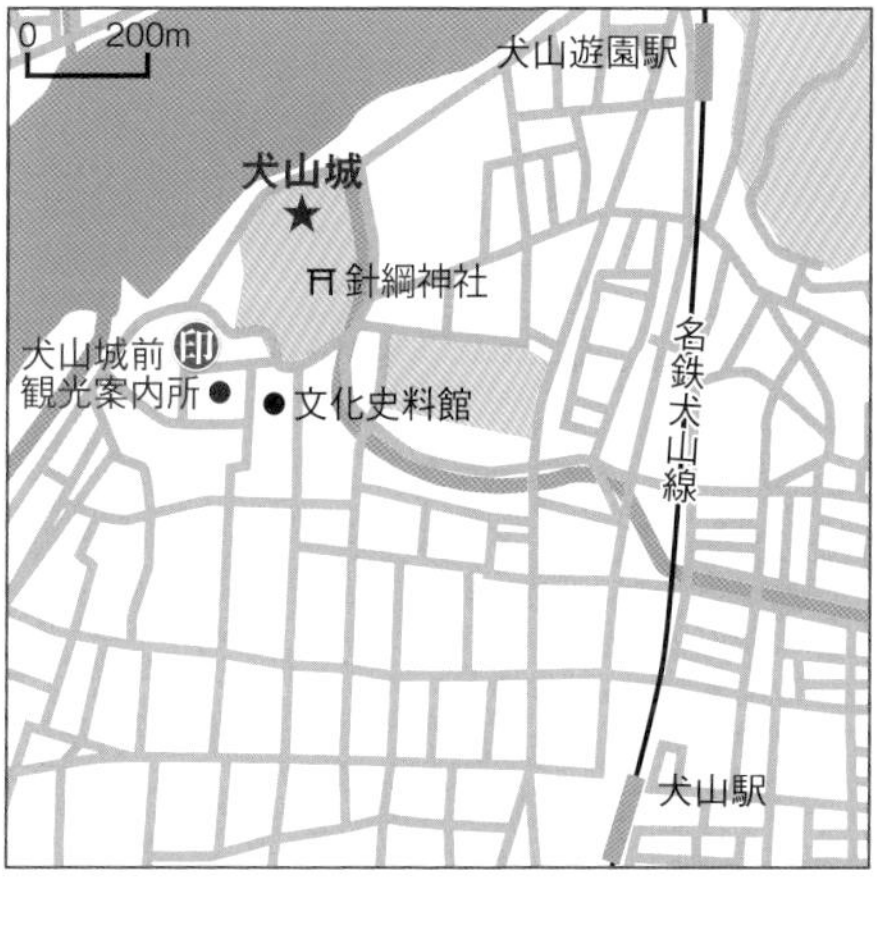

城郭DATA

築城年	天文6年（1537）
別名	白帝城
所在地	愛知県犬山市犬山北古券65-2
営業時間	9:00-17:00（入場は16:30まで）
アクセス	名鉄犬山線「犬山遊園」駅から徒歩約15分
定休日	12月29日～31日
駐車場	あり（犬山城第1～第3駐車場）
入場料	個人（一般）550円、（小・中学生）110円、団体割引あり

御城印

愛知県小牧市

続日本100名城／国指定史跡

小牧山城《こまきやまじょう》

織田氏家紋版と徳川氏家紋版の2種類

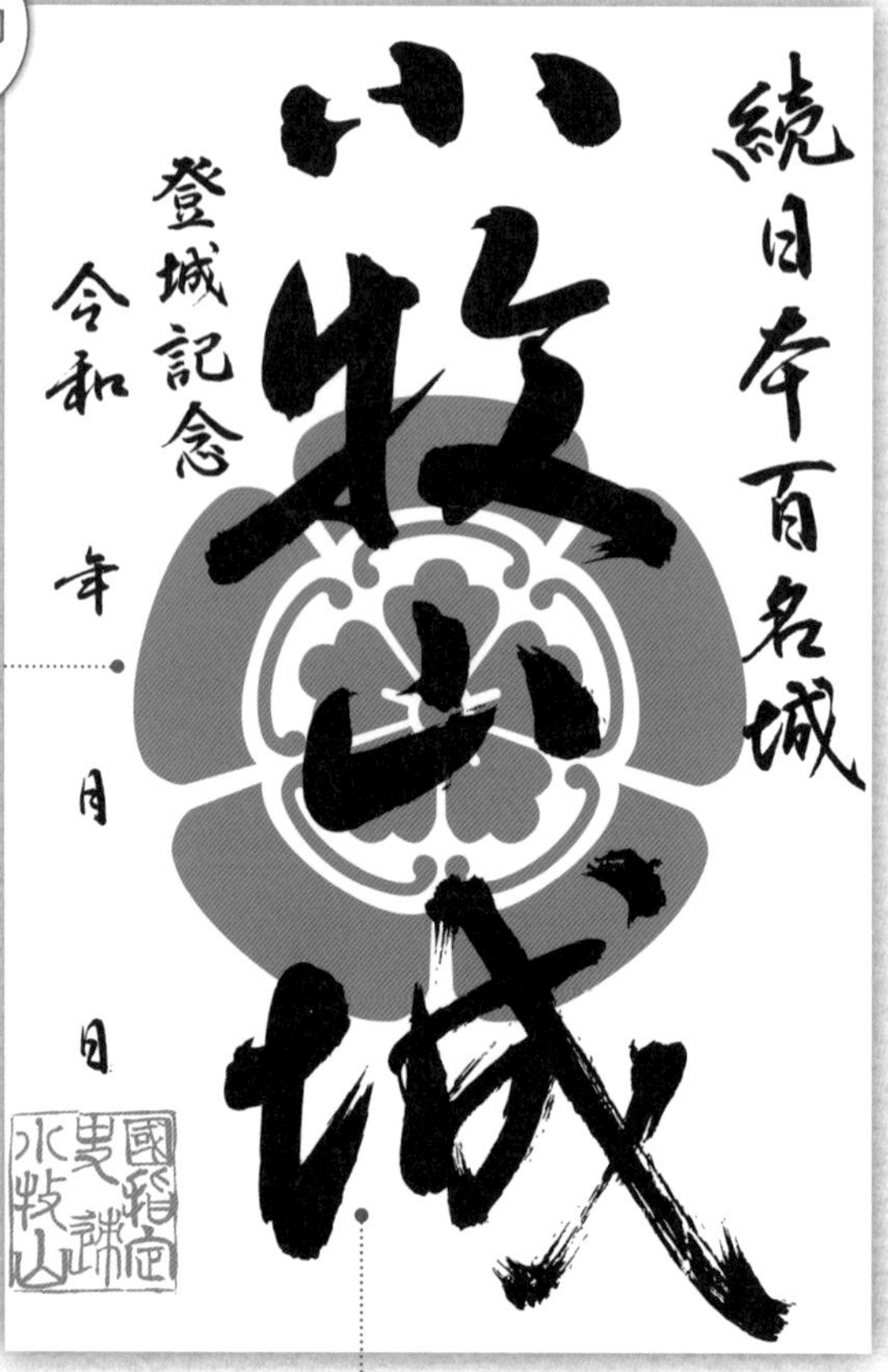

❶織田家の家紋「織田木瓜」があしらわれている。

❷書は小牧市書道連盟が揮毫したもの。

御城印DATA

販売場所	「小牧山歴史館」と「れきしるこまき」の各受付
販売料金	300円（税込）

美濃侵攻のため信長が築いた居城

永禄《えいろく》3年（1560）に、桶狭間《おけはざま》の合戦で今川義元《いまがわよしもと》を破った織田信長《おだのぶなが》が美濃《みの》の斎藤《さいとう》氏を攻めるために、濃尾《のうび》平野の北東部、標高約86mの小牧山に永禄6年（1563）に居城として初めて一から築いた城。信長は美濃侵攻をくり返し、永禄10年（1567）に稲葉山《いなばやま》城を陥落させる

バリエーション

徳川氏家紋版の御城印

デザイン・文字は同じで織田氏家紋版と徳川氏家紋版の2種類がある。徳川氏家紋版は「三つ葉葵」があしらわれている。

山頂には三層四階建ての小牧山歴史館があり眼下に濃尾平野が広がる。

と、これを岐阜《ぎふ》城と改名して入城。小牧山城は廃城となった。

信長の死後、天正《てんしょう》12年（1584）の小《こ》牧《まき》・長久手《ながくて》の戦いの舞台ともなり、信長の家臣であった羽柴秀吉《はしばひでよし》との戦いのとき、信長の次男である信雄《のぶかつ》と同盟を結んだ徳川家《とくがわいえ》康《やす》の本陣となった。

そんな小牧山城は東西約600m、南北約400mの山全体を城域とし、多くの曲《くる》輪《わ》から形成されていた。縄張《なわばり》研究では山頂の主郭地区、正面に当たる大手曲輪地区、本丸の西に当たる西曲輪地区、大手口西側に当たる西部帯曲輪地区、西裾にあたる西側谷地区、家臣団屋敷の東部帯曲輪地区の6つの地区で構成されていたと記されている。本丸へのアプローチは、南に設けられた大手口から上がり、大手道は直線的に中腹まで登っており、そこから折れて主郭（本丸）に入る構造を取っている。この姿が後の安土《あづち》城の姿に酷似していることから、安土城に先行する城の姿として信長の意識が表れている。

直線的な道を中心とし左右に屋敷を振り分ける曲輪の作り方は、山岳寺院によく見られるスタイルで、谷部の中心に道を据えた丘陵地形を活用した城造りの基本的な形であると考えられる。今では城跡には樹木が茂り、数多くの植物を見ることができ、人々の憩いの場として親しまれている。

城郭DATA

築城年	永禄6年（1563）
別名	火車輪城
所在地	愛知県小牧市堀の内一丁目1番地
営業時間	9:00〜16:30(入館は16:15まで)
アクセス	名鉄小牧線「小牧駅」から徒歩25分
定休日	第3木曜日 ※祭日の場合は翌日、年末年始（12月29日〜1月3日）
駐車場	あり（小牧山北駐車場 / 最初の2時間無料、以降30分100円）小牧山南側にある小牧市役所も駐車可（無料）
入場料	大人200円（18才以下無料）※れきしるこまき（小牧山城史跡情報館）との共通入場券

御城印

❶織田家の家紋「織田木瓜」があしらわれている。

❷清洲城では「登場記念証」として販売されている。

愛知県清須市

清洲城《きよすじょう》

織田家の家紋が入った登城記念印

御城印DATA

販売場所	「清洲城受付」または「清洲ふるさとのやかた売店」
販売料金	300円（税込）

信長の天下取りの出発点

応永《おうえい》12年（1405）、尾張《おわり》国の守護職であった斯波義重《しばよししげ》が、守護所であった下津《おりづ》城の別邸として築いたのがはじまりといわれている。文明《ぶんめい》8年（1476）、戦乱により下津城が焼失した後の、文明10年（1478）守護所が清須（現在は清洲と表記）に移転することで、清須が尾張国の中心地となった。京や鎌倉に連絡する往還と伊勢街道が合流する交通の要衝でもあり、尾張の中心地として繁栄を迎える。

弘治《こうじ》元年（1555）に織田信長《おだのぶなが》が那古《なご》野《や》城から入城、尾張を統一掌握した頃の清須城の基本構造は、守護の館と同じだったと考えられている。永禄《えいろく》3年（1560）の桶狭間《おけはざま》の戦いに勝利した信長は、清須から天下統一への第一歩を踏み出した。天正10年（1582）に、明智光秀《あけちみつひで》による本能《ほんのう》寺《じ》の変で信長が討たれると、その跡目を決める会議が開かれた。これが世にいう清須会議で、羽柴秀吉《はしばひでよし》が支持した三法師《さんぼうし》（信長の嫡孫）が正当な後継者に決まった。

城主となった次男、信雄《のぶかつ》によって改修された清須城の城郭は、天守を備え東西1.6㎞、

平成元年に現在の場所に再建整備された清洲城。金色に輝く鯱を屋根にいただく『清洲城天守』は、清須市のシンボルとなっている。

南北2.8kmにも及ぶ巨大な郭域の中に城下町のあらゆる機能を備えた城塞都市として過去最大の規模に達した。

その後城主は、織田家から豊臣《とよとみ》秀次《ひでつぐ》、福《ふく》島正則《しままさのり》と移り、天下分け目の関ヶ原の合戦では、東軍の最前線の城として重要な軍事拠点となった。関ヶ原以後、城の主は松平《まつだいら》忠吉《ただよし》、徳川義直《よしなお》と変遷するが、この頃の清須城下は人口6万人を数える賑わいを見せ、清須城は「天下の名城」と讃えられた。

慶長15年（1610）、徳川家康は、清須城廃城と名古屋城築城を命じ、町の建物、町の機能全てが移転する「清須越」が行われた。これにより、尾張の政治・経済・司法の中心は清須から名古屋へ移り、清須城とともにその城下町は歴史から姿を消した。

平成元年（1989）、現在の場所に『清洲城』として再建整備されている。

織田信長はこの清須から戦へ出向き、また本能寺の変の後に行われた後継者を決める会議も清須城を舞台に繰り広げられた。

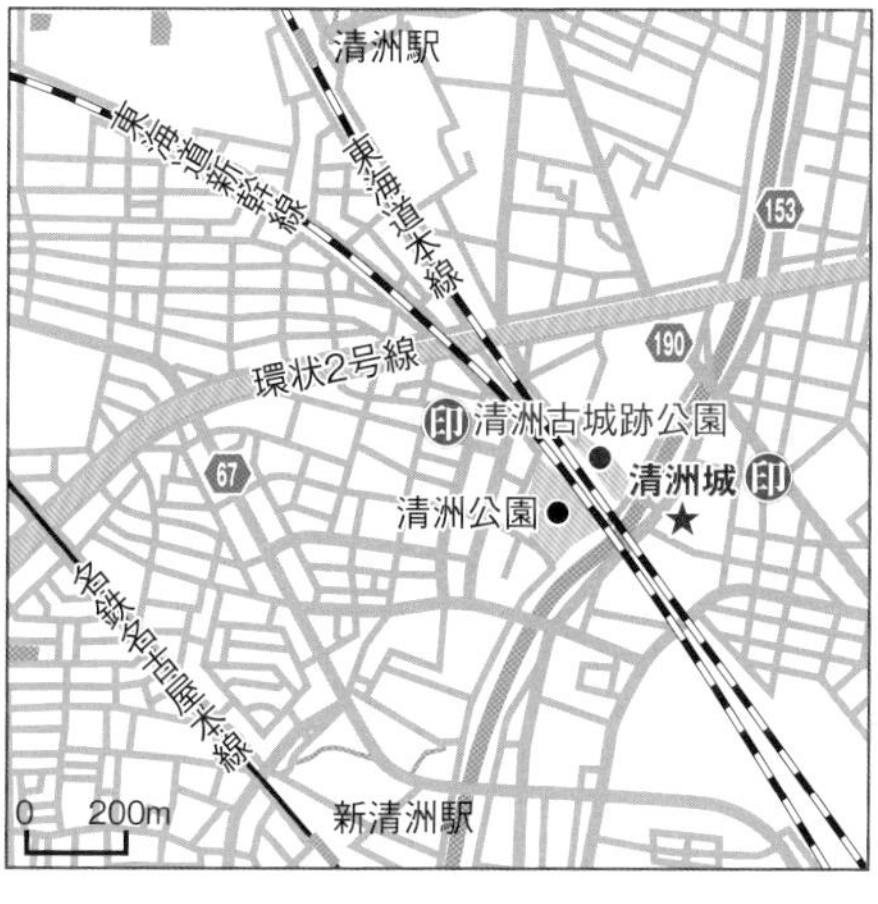

城郭DATA

築城年	応永12年(1405)
別名	清須城
所在地	愛知県清須市朝日城屋敷1-1
営業時間	9:00～16:30（入館は16:15まで）
アクセス	名鉄名古屋本線新清洲駅から徒歩15分 またはJR東海道本線清洲駅から徒歩15分 またはきよすあしがるバスオレンジルート または城北線星の宮駅から徒歩20分
定休日	月曜日 ※祭日の場合は翌日・年末（12月29日～31日） ※桜の花見期間と清洲城信長まつりの期間中は営業
駐車場	あり（無料）
入場料	大人300円（団体:250円）、 小人150円（団体:100円）

御城印

❶右上のキャラクターは「武将 有楽斎」。武将としての有楽斎は本能寺の変を生き延び、関ヶ原の合戦で武功を上げた。キャラクターがないバージョンも発行している。

❷信長が自身の書状に押した馬蹄形印「天下布武」。

❸有楽斎（織田長益）のキャラクター「茶人 有楽斎」。茶人としての有楽斎は千利休の弟子で有楽流茶道の創始者。国宝茶室「如庵」を建てた。左下の「大草城主 有楽斎」の書は、城主が発行する御城印という設定。

❹織田家の家紋「織田木瓜」があしらわれている。

愛知県知多市

大草城《おおくさじょう》

城主・有楽斎が発行する〝幻の城〟の御城印

御城印DATA

販売場所	知多市観光協会、㈱縄文堂商会、慈光寺
販売料金	300円（税込）

戦国一の世渡り上手が築城を断念した城

織田《おだ》信長《のぶなが》の弟で、信長・秀吉《ひでよし》・家康《いえやす》の三英傑に仕え、後に茶人としても名を挙げた〝戦国一の世渡り上手〟、織田長益《おだながます》が築城しようとして途中で断念した幻の城。

当時、信長から大野谷を拝領し、実質的な大野城の城主であった長益は、伊勢湾の海上権の掌握・確保等水利用の便利さから大草の地に城を築きはじめた。

ところが、天正《てんしょう》10年（1582）に本能《ほんのう》寺《じ》の変で信長が討たれ、長益も天正12年（1584）の小牧《こまき》・長久手《ながくて》の合戦後、しばらくして秀吉に仕え、摂津《せっつ》国に転封されてしまう。このため、堀・土塁《どるい》・石垣づくり等までで天守、櫓《やぐら》の建立にはいたらぬま築城を中途で断念。幻の城と呼ばれるようになった。

長益はのちに「有楽斎《うらくさい》」とも称し、千利《せんのり》休《きゅう》に茶道を学び、千利休の高弟「利休七哲」の一人となった。「有楽流茶道」を創始し、国宝茶室「如庵《じょあん》」を建てるなど、一流の茶人として茶道三昧の晩年を過ごしている。

大草城跡に建てられた天守。展望台からは伊勢湾が一望できる。

現在、大草城跡は伊勢湾に面した標高8～10mの大草区の台地の南端にあり、区民が「城山」と通称する木の茂った小山が城址となっている。

本丸・二の丸と周囲の土塁・堀の大部分が、ほぼ完全な形で残っており、このような城址は愛知県下でも数少ない。保存状態がよいのは尾張藩の徳川義直《よしなお》、光友《みつとも》に仕えた重臣、山澄淡路守英龍《やまずみあわじのかみひでたつ》が大草を給地され、寛文《かんぶん》6年（1666）に城址の西南方に屋敷を構えるなど、歴代の支配者が保存に努めたためである。知多市は歴史的な価値をとどめる城址を保存し、広く市民に開放するため昭和54年（1979）に大草公園として整備し、本丸跡に天守を模した展望台とグラウンドを設置。市民の憩いの場として親しまれている。

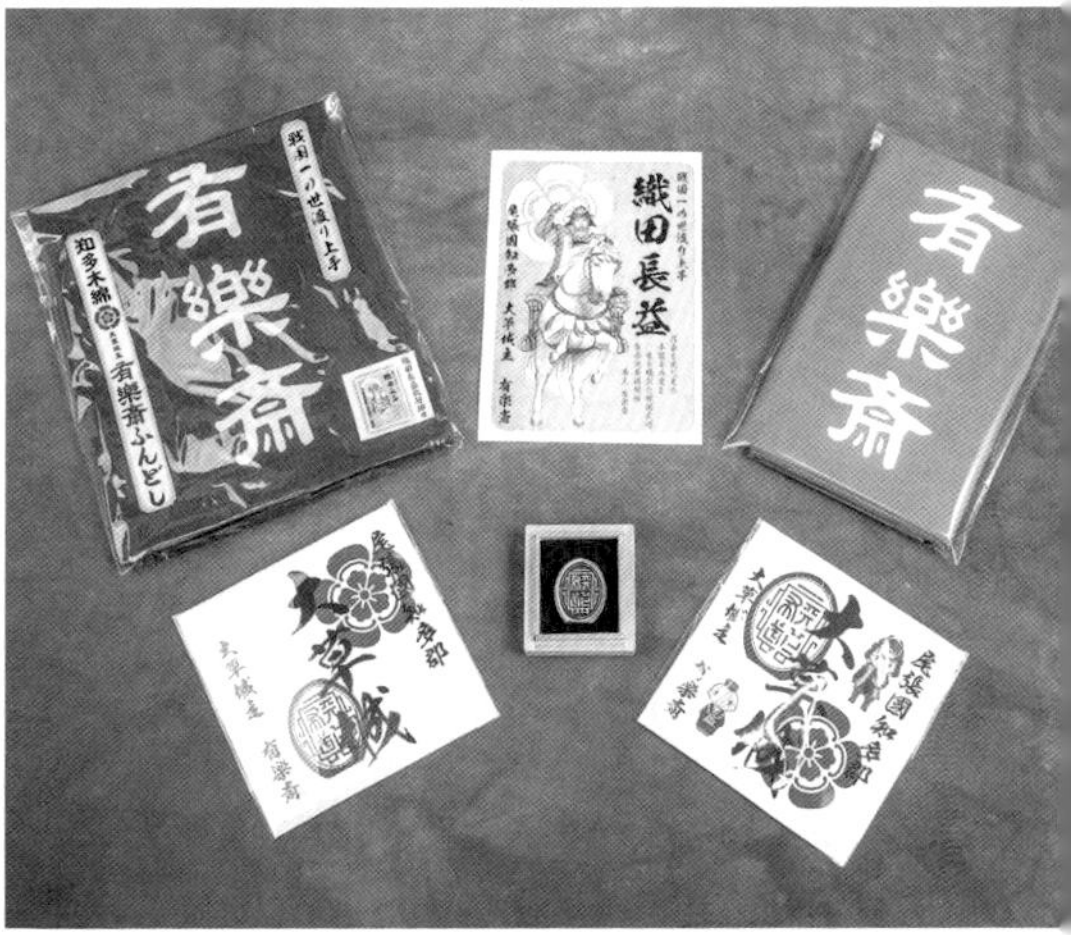

武将印付きの「有楽斎ふんどし」（左上）、大草城城主「織田長益（有楽斎）武将印」（中央上）、「有楽斎てぬぐい」（右上）、「天下布武徽章」（中央下）、御城印と同じデザインの「御城印ステッカー」（左右下）など大草城関連グッズもたくさん販売されている。

城郭DATA

築城年	―
別名	―
所在地	愛知県知多市大草字東屋敷110-1
営業時間	―
アクセス	名鉄常滑線 新舞子駅から徒歩15分 または大野町駅から徒歩10分
定休日	―
駐車場	あり（無料）
入場料	無料

御城印

❶中央の朱印は岩崎城主丹羽家の家紋「丹羽扇」をあしらっている。

❷右下には令和5年話題の戦国武将、徳川家康のキャラクターをデザイン。

❸御城印ではなく「登城記念証」という名前で販売している。

愛知県日進市

岩崎城《いわさきじょう》

丹羽扇の家紋と徳川家康をデザイン

御城印DATA

販売場所	岩崎城歴史記念館受付
販売料金	200円（税込）

日進市の戦国時代の様子を今に伝える貴重な城址

尾張《おわり》国の東端にあたり、国境付近を守る織田信秀《おだのぶひで》（信長《のぶなが》の父）の支城。室町時代末に始まると考えられているこの城は、日進市の戦国時代の様子を今に伝える貴重な城址である。本丸跡には六世紀の古墳の遺構も残しており、当地の有力者に古くから注目されていた場所だった。

岩崎は尾張、三河《みかわ》間を往来する街道の要衝地であり、城下は「市場」の地名を残すことからも交易の場として栄えたものと思われる。

築城年代ははっきりしていないが、織田信秀により築城され、属将・荒川頼《あらかわより》宗《むね》が守備していたとされる。享禄《きょうろく》2年（1529）三河国・松平清康（家康の祖父）に尾張攻略の足がかりとして攻め落とされたが、清康は世に言う「守山崩れ」によって死去し、尾張攻略が後退することになる。

その後、岩崎城は両勢力が対立した状態のまま、天文《てんぶん》年間から当地方の土豪であった丹羽氏清《にわうじきよ》が修繕し、4代（約60年間）の

昭和62年5月に完成した展望塔・岩崎城。

居城となった。天正《てんしょう》12年（1584）、羽《は》柴《しば》（のちの豊臣《とよとみ》）秀吉《ひでよし》と徳川家康・織田信《のぶ》雄《かつ》の連合軍が戦った小牧《こまき》・長久手《ながくて》の戦いでは、丹羽氏は後者に属し、犬山方面から岡崎を目指した羽柴方の行軍を阻止しようとして落城する「岩崎城の戦い」など、一族を犠牲にしながらも戦功を立て、徳川氏に認められていった。

慶長《けいちょう》5年（1600）、関ヶ原の合戦参戦後、丹羽氏は地方の土豪階級から一万石の大名へと昇格し、城も三河国伊保（現豊田市内）へと移る。これによって岩崎城は廃城となり、以降城跡は竹やぶなど雑林に覆われたため、比較的その遺構を良く保つことになった。昭和62年、地元住民の寄付により岩崎城が建設。城祉公園として整備された。中世城郭の特徴である土塁や空堀を良く残している貴重な歴史的遺産である。

岩崎城祉公園内にある岩崎城歴史記念館。日進市や岩崎城の歴史に関する展示をしている。

城郭DATA

築城年	不明
別名	―
所在地	愛知県日進市岩崎町市場67
営業時間	9:00～17:00(入館は16:30)
アクセス	地下鉄「星ヶ丘」駅から名鉄バス乗り換え「岩崎御岳口」徒歩5分
定休日	毎週月曜日(祝日・振替休日の場合は開館)、12月28日から1月4日
駐車場	あり(無料)20台
入場料	無料

御城印

愛知県豊橋市

続日本100名城

吉田城《よしだじょう》

池田輝政の家紋「丸に揚羽蝶」を押印

❶揮毫は豊橋市で企業や商品のロゴデザインを手掛けるデザイン書道家・鈴木愛氏によるもの。

❷天正18年（1590）8月に城主となり、吉田城を大改修した池田輝政の「丸に揚羽蝶」を使用。今後は、歴代城主らの家紋を用いた御城印の作成も検討中。

御城印DATA

販売場所	豊橋市役所東館1階じょうほうひろば、豊橋市三の丸会館
販売料金	300円（税込）

激しい争奪戦が繰り広げられた要衝

吉田城は明応5年（1496）に、豊川《とよかわ》の一色《いっしき》城主・牧野古白《まきのこはく》により築城されたといわれる今橋《いまはし》城にはじまる。大永《たいえい》2年（1522）に吉田城と改称されたという。戦国時代の争乱の中で、今川《いまがわ》氏、武田《たけだ》氏、松平《まつだいら》氏らと激しい争奪戦が繰り広げられた。永禄《えいろく》7年（1564）に、松平家康《いえやす》

バリエーション

第5弾「深溝松平」バージョン

吉田城では上記の他に酒井忠次、大河内松平、牧野、深溝松平の御城印も販売されている。画像は第5弾の深溝松平で、深溝松平家の家紋「重ね扇」を使用。

（徳川《とくがわ》家康）が、今川方の吉田城代大原資《おおはらすけ》良《よし》を攻め翌年に攻略。酒井忠次《さかいただつぐ》を城主に置いた。忠次は城を改修し、新たに堀を造成したことが近年の発掘調査で明らかになっている。

天正《てんしょう》18年（1590）に家康が関東に移封。豊臣秀吉《とよとみひでよし》配下であった池田照政《いけだてるまさ》（輝政）が、15万2000石の石高で城主となると、大城郭に改造。現在見られる吉田城の基礎が造られた。当時としては最新技術で積まれた石垣は織豊《しょくほう》系城郭の象徴的な存在といえる。江戸時代には東海道の要衝として、9家22代の譜代大名が支配した。中期以降は松平（大河内《おおこうち》）氏が城主となった。

本丸は四隅に櫓を配し、中央には宝永大地震（1707）で倒壊するまで、将軍上洛時に宿所にした御殿があった。

吉田城址は東西1400m、南北700m、総面積約84万㎡に及ぶ。発掘調査によって、縄文時代～近代にかけての遺構や遺物が発見されている。また、戦国時代の様子も明らかになりつつある。近世吉田城は本丸と二の丸に御殿が造られ、三の丸には米蔵、馬場等の施設が造られた。三の丸の外側を家臣団の屋敷が取り囲み、さらに外側を総堀が大きく取り囲んでいた。

吉田城址の一部は豊橋公園になり、昭和29年（1954）には鉄櫓《くろがねやぐら》が復興している。城址の主要部などは、令和3年（2021）に豊橋市指定史跡となった。

鉄櫓は吉田城最大の櫓。古絵図には天守と描かれたものもある。石垣は池田照政（輝政）が造った野面積のものが現存している。

城郭DATA

築城年	永正2年（1505）
別名	今橋城
所在地	愛知県豊橋市今橋町3
営業時間	10:00～15:00（鉄櫓）
アクセス	豊鉄市内線「市役所前」電停から　徒歩5分
定休日	月曜日
駐車場	あり（無料・豊橋公園内）
入場料	無料

愛知県豊田市

足助城《あすけじょう》

鈴木氏の家紋「下がり藤」「抱き稲穂」が背景に

御城印

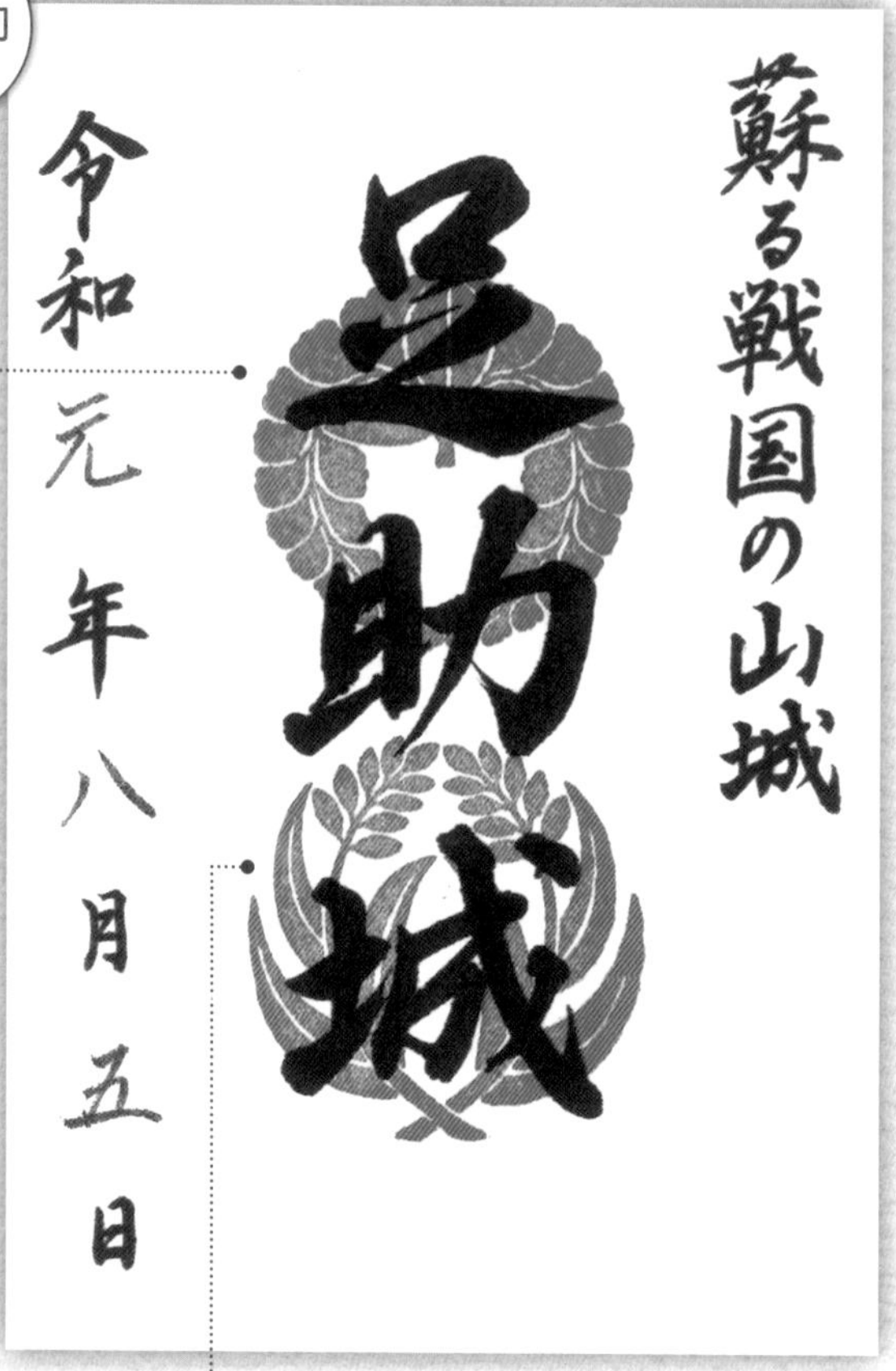

❶背景の朱印は城主鈴木氏の家紋とされる「下がり藤」。

❷下の朱印も鈴木氏の家紋とされる「抱き稲穂」

御城印DATA

販売場所	正門前受付
販売料金	300円（税込）

全国で初めて復元した戦国の山城

15世紀以降に西三河山間部に勢力を持っていた鈴木氏が築城したと考えられている城。足助の鈴木氏は5代続き、初代忠親は、15世紀後半の人といわれる。

16世紀に入ると、岡崎の松平《まつだいら》氏との間で従属離反を繰り返すが、永禄《えいろく》7年（1564）以降は、松平氏のもとで、高《たか》天神城《てんじんじょう》の戦いなどに武勲をあげる。天正《てんしょう》18年（1590）、康重のとき、徳《とく》川家康《がわいえやす》の関東入国に従って関東に移ったため、廃城となった。康重は間もなく家康から離れ、浪人したと伝えられる。

足助城は標高301mの真弓山の山頂を本丸として、四方に張り出した尾根を利用した連郭式の山城《やまじろ》である。真弓山は、足助の町並みを眼下に見下ろす要害の地である。城名には諸説あり、「真弓山城」や「松山城」、「足助松山の城」とも呼ばれたという。

鎌倉時代に足助氏が居城したという「足助七屋敷（足助七城）」の一つとも伝えられるが、発掘調査では、この時代の遺物は

発掘調査などに基づく本格的な山城の復元は全国でも初めての試み。標高301mの真弓山に、高櫓・長屋・物見矢倉・厨（くりや）などの建物が復元されている。

発見されず、現在残された遺構は、15世紀以降に鈴木氏が築城した跡と考えられる。

現在の城跡公園足助城は、足助町制施行100周年を記念して、平成5年（1993）に開園。足助城の名もその際付けられている。真弓山に、高櫓・長屋・物見矢倉・厨《くりや》などの建物が復元されている。足助城の中心である本丸は、足助の町並みを眼下に見下ろすとともに、信州と美濃への街道、岡崎・名古屋への街道を望むことができる。高櫓は、江戸時代の天守にあたるものである。発掘調査成果に基づく戦国時代の本格的な山城の復元は、全国で最も早い事例である。

11月中旬頃からは紅葉も楽しめる。毎年、近隣の足助・香嵐渓広場では香嵐渓もみじまつりが行われている。

城郭DATA

築城年	不明
別名	真弓山城、松山城、足助松山の城
所在地	愛知県豊田市足助町須沢39-2
営業時間	9:00〜16:30（入城は16:00まで）
アクセス	バス「学校下」もしくは「一の谷口」より徒歩30〜40分
定休日	木曜日、12月25日〜1月5日 ※ただし、GW、11月は無休
駐車場	あり（無料）
入場料	大人300円、高校生100円、中学生以下無料

[東日本]索引(50音順)

	城名	読み	ページ数
さ	佐柿国吉城（福井県）	さがきくによしじょう	104
	鮫ヶ尾城（新潟県）	さめがおじょう	76
	三戸城（青森県）	さんのへじょう	32
	聖寿寺館（青森県）	しょうじゅじだて	34
	諏訪原城（静岡県）	すわはらじょう	118
	駿府城（静岡県）	すんぷじょう	114
た	高岡城（富山県）	たかおかじょう	74
	高天神城（静岡県）	たかてんじんじょう	24
	高遠城（長野県）	たかとおじょう	80
	種里城（青森県）	たねさとじょう	36
	妻木城（岐阜県）	つまぎじょう	102
	鶴ヶ城（福島県）	つるがじょう	48
	土岐明智城（岐阜県）	ときあけちじょう	96
な	苗木城（岐阜県）	なえぎじょう	100
	仲深山城（岐阜県）	なかのみやまじょう	96
	名胡桃城（群馬県）	なぐるみじょう	64
	名古屋城（愛知県）	なごやじょう	120
	鍋倉城（岩手県）	なべくらじょう	40
	浪岡城（青森県）	なみおかじょう	38
	沼田城（群馬県）	ぬまたじょう	60
は	浜松城（静岡県）	はままつじょう	116
	弘前城（青森県）	ひろさきじょう	30
	武節城（愛知県）	ぶせつじょう	122
ま	増山城（富山県）	ますやまじょう	72
	松代城（長野県）	まつしろじょう	86
	松本城（長野県）	まつもとじょう	82
	丸岡城（福井県）	まるおかじょう	26
や	役内城（秋田県）	やくないじょう	52
	湯沢城（秋田県）	ゆざわじょう	50
	横須賀城（静岡県）	よこすかじょう	24
	吉田城（愛知県）	よしだじょう	136

改訂版 西日本「御城印」徹底ガイド

見どころ・楽しみ方がわかる

発売中！

西日本（滋賀・三重以西）の御城印を発行しているお城95城の情報をまとめた1冊。家紋の解説や関連グッズも紹介。ぜひ本書と合わせてお城めぐりの際に持っていきたい。

監修：小和田哲男
ページ数：144ページ
定価：1760円+税

滋賀県彦根市
日本100名城／国宝

彦根城《ひこねじょう》

井伊の赤備えをイメージした朱色の御城印

御城印

❶用紙は「井伊の赤備え」をイメージした朱色。

❷井伊家の家紋「橘紋」、井伊家の旗印「井桁」、井伊家の当主の通字「直」をスタンプで押している。「直」は、井伊家18代当主井伊直岳氏の署名を基に作成。

御城印DATA

販売場所	開国記念館
販売料金	300円（税込）

国宝天守を持つ井伊家の居城

徳川四天王の一人に称される井伊直政は、関ヶ原の合戦の武功により、翌年敵将であった石田三成《いしだみつなり》の居城であった佐和山城に入った。新城を計画中であったが、その最中に死去。

慶長《けいちょう》9年（1604）、嫡子直継の代に彦根山（別名：金亀山）の地に着工された。天守や櫓などが近隣の城郭から移築されたと伝えられており、主要部分は2年足らずで完成したが、大坂の陣で工事は中断。再開後の元和8年（1622）頃、城下町を含め城郭の全容が完成した。その間20年である。

明治時代には城の解体が始まったが、明治天皇の北陸巡幸に同行した大隈重信が彦根城の保存を天皇に願い出たことから、解体が中止されたという。天皇の従姉妹が懇願した説もあるが、いずれにせよ主要な建物は残り、昭和31年（1956）には一帯が特別史跡となった。平成8年（1996）には築城以来5回目の大改修が完了し、現代に美しく蘇った。

彦根は古来、交通の要衝で、領地争いが絶えなかった。徳川家康《いえやす》も、依然として勢力が強い豊臣《とよとみ》家や豊臣色の強い西国大名を抑えるために築城を急いだが、一度も戦を経験することはなかった。

藩主が訪れることもあまりなかった天守には、歴代藩主の甲冑などが収納され、軍用というより、藩の象徴の役割を担っていたようだ。国宝で現存12天守の一つであり、三階三重で規模は比較的小ぶりながら、屋根は切妻破風、入母屋破風《いりもやはふ》などを多様に配し、2階と3階には花頭窓《かとうまど》、3階には高欄付きの廻縁を巡らせるなど外観に重きを置いている。

本丸にはかつて、天守のほかにも藩主の御殿である御広間や宝蔵、着見櫓なども建っていた。

近畿

国宝の天守。通し柱を用いずに各階ごとに積み上げていく方式で、櫓の上に高欄を付けた望楼を乗せる古い形式である。

彦根城本丸。北西には附櫓があり、さらに長い多聞櫓が連なっている。

彦根城
開国記念館
彦根市役所
裁判所
彦根駅
東海道本線

城郭DATA

築城年	慶長9年（1604）
別名	金亀城
所在地	滋賀県彦根市金亀町1-1
営業時間	8:00～17:00（最終入場16:30）
アクセス	JR「彦根駅」から徒歩15分
定休日	なし
駐車場	あり（有料）
入場料	800円

37 36

掲載城郭一覧

	城名
あ	阿久根城（鹿児島県）
	尼崎城（兵庫県）
	伊賀上野城（三重県）
	碇山城（鹿児島県）
	伊作城（鹿児島県）
	伊集院城（鹿児島県）
	出水城（鹿児島県）
	指宿城（鹿児島県）
	今治城（愛媛県）
	岩剣城（鹿児島県）
	宇和島城（愛媛県）
	大口城（鹿児島県）
	大洲城（愛媛県）
	岡城（大分県）
	岡山城（岡山県）
	小倉山城（広島県）
か	鹿児島城（鹿児島県）
	加世田城（鹿児島県）
	月山富田城（島根県）
	金田城（長崎県）
	鹿屋城（鹿児島県）
	亀井山城（鹿児島県）
	亀山城（三重県）
	蒲生城（鹿児島県）
	唐津城（佐賀県）
	川上城（鹿児島県）
	観音寺城（滋賀県）
	給黎城（鹿児島県）
	岸和田城（大阪府）
	木牟礼城（鹿児島県）
	肝付高山城(鹿児島県）
	玉林城（鹿児島県）
	清色城（鹿児島県）
	串木野城（鹿児島県）
	苦辛城（鹿児島県）
	栗野松尾城（鹿児島県）
	黒井城（兵庫県）
	建昌城（鹿児島県）
	高知城（高知県）
	郡山城（奈良県）
	郡山城（広島県）
	国分新城（鹿児島県）
	小倉城（福岡県）
さ	佐賀城（佐賀県）
	鮫島城（鹿児島県）
	信貴山城（奈良県）
	志布志城（鹿児島県）

	城名
さ	清水城（鹿児島県）
	周山城（京都府）
	勝龍寺城（京都府）
	新宮城（和歌山県）
	洲本城（兵庫県）
た	高取城（奈良県）
	竹田城（兵庫県）
	田辺城（京都府）
	谷山本城（鹿児島県）
	田布施城（鹿児島県）
	田丸城（三重県）
	垂水林之城（鹿児島県）
	知覧城（鹿児島県）
	津城（三重県）
	恒吉城（鹿児島県）
	津山城（岡山県）
	堂崎城（鹿児島県）
	東福寺城（鹿児島県）
	鳥取城（鳥取県）
	鳥羽城（三重県）
	富岡城（熊本県）
	虎居城（鹿児島県）
な	中津城（大分県）
	名護屋城（佐賀県）
	南郷城（鹿児島県）
	二条城（京都府）
	野間之関（鹿児島県）
は	八幡山城（滋賀県）
	彦根城（滋賀県）
	姫路城（兵庫県）
	平佐城（鹿児島県）
	福知山城（京都府）
	福山城（広島県）
	本吉田城（鹿児島県）
ま	松江城（島根県）
	松坂城（三重県）
	松山城（愛媛県）
	丸亀城（香川県）
	水口岡山城（滋賀県）
	三原城（広島県）
	見寄ヶ原城（鹿児島県）
	廻城（鹿児島県）
や	湯築城（愛媛県）
	横川城（鹿児島県）
	米子城（鳥取県）
わ	若桜鬼ヶ城（鳥取県）

スタッフ
企画・構成・編集／浅井貴仁（エディットリアル株式會社）
執筆協力／向 千鶴子、岡田晶代、水元 詩、
鮫島理恵、黒木友美（アーク株式会社）
デザイン／田中宏幸（田中図案室）
地図デザイン／千葉幸治

**改訂版 東日本「御城印」徹底ガイド
見どころ・楽しみ方がわかる**

2023年12月20日　　第1版・第1刷発行

監　修　小和田 哲男（おわだ てつお）
発行者　株式会社メイツユニバーサルコンテンツ
　　　　代表者　大羽 孝志
　　　　〒102-0093 東京都千代田区平河町一丁目1-8
印　刷　株式会社厚徳社

ご意見・ご感想はホームページから承っております。
ウェブサイト　https://www.mates-publishing.co.jp/

企画担当：堀明研斗

※本書は2020年発行の『東日本　「御城印」徹底ガイド 見どころ・楽しみ方がわかる』を元に、必要な情報の確認と更新、装丁の変更を行い、「改訂版」として新たに発行したものです。